T0129615

essentials

essentials liefern aktuelles Wissen in konzentrierter Form. Die Essenz dessen, worauf es als „State-of-the-Art" in der gegenwärtigen Fachdiskussion oder in der Praxis ankommt. *essentials* informieren schnell, unkompliziert und verständlich

- als Einführung in ein aktuelles Thema aus Ihrem Fachgebiet
- als Einstieg in ein für Sie noch unbekanntes Themenfeld
- als Einblick, um zum Thema mitreden zu können

Die Bücher in elektronischer und gedruckter Form bringen das Fachwissen von Springerautor*innen kompakt zur Darstellung. Sie sind besonders für die Nutzung als eBook auf Tablet-PCs, eBook-Readern und Smartphones geeignet. *essentials* sind Wissensbausteine aus den Wirtschafts-, Sozial- und Geisteswissenschaften, aus Technik und Naturwissenschaften sowie aus Medizin, Psychologie und Gesundheitsberufen. Von renommierten Autor*innen aller Springer-Verlagsmarken.

Marcus Kuper · Frank Oemig ·
Viola Henke

Integrating the Healthcare Enterprise (IHE) – Eine Einführung

Hands-on Healthcare and
Interoperability

Marcus Kuper
Rostock, Deutschland

Frank Oemig
Mülheim, Deutschland

Viola Henke
Münster, Deutschland

ISSN 2197-6708   ISSN 2197-6716   (electronic)
essentials
ISBN 978-3-658-42809-9   ISBN 978-3-658-42810-5   (eBook)
https://doi.org/10.1007/978-3-658-42810-5

Die Deutsche Nationalbibliothek verzeichnet diese Publikation in der Deutschen Nationalbibliografie; detaillierte bibliografische Daten sind im Internet über http://dnb.d-nb.de abrufbar.

Planung/Lektorat: Margit Schlomski
Springer Gabler ist ein Imprint der eingetragenen Gesellschaft Springer Fachmedien Wiesbaden GmbH und ist ein Teil von Springer Nature.
Die Anschrift der Gesellschaft ist: Abraham-Lincoln-Str. 46, 65189 Wiesbaden, Germany

Das Papier dieses Produkts ist recyclebar.

Was Sie in diesem *essential* finden können

- Was ist IHE und warum wurde die Initiative gegründet?
- Wie entwickelte sich IHE historisch?
- Wie arbeitet IHE?
- Was erarbeitet IHE?
- Warum haben Tests für IHE so eine zentrale Bedeutung?
- Wie und wo kann IHE bei zukünftigen Herausforderungen helfen?

Vorwort der IHE Deutschland

Interoperabilität im Gesundheitswesen zu etablieren ist eine herausfordernde Aufgabe. Eine Aufgabe, der sich die Initiative IHE – Integrating the Healthcare Enterprise seit nunmehr 25 Jahren widmet. 25 Jahre, in dem ein enormer, praxisrelevanter Wissensschatz aufgebaut und dokumentiert wurde.

Einsteiger:innen, die sich mit IHE intensiver beschäftigen wollen fällt es oftmals schwer, sich in dem enormen IHE-Wissensfundus zu orientieren.

Dieses Buch bildet eine Brücke und erleichtert seinen Leser:innen damit den Einstieg in das Themengebiet IHE. Es erläutert wie IHE funktioniert, welche Mehrwerte die Organisation und deren Ergebnisse für Anwender:innen und Hersteller bietet, und wie man sich einbringen kann. Es zeigt aber vor allem auch auf, wie die Ergebnisse in Krankenhäusern, aber auch bei anderen Anwendergruppen zum Einsatz gebracht werden können und liefert damit einen großen Mehrwert für die Praxis.

Vorstand IHE Deutschland e. V.:

Dr. Samrend Saboor
Vendor-Cochair

Thomas Dehne
User-Cochair

Vorwort der Autoren

Will man sich dem Thema digitale Transformation im Gesundheitswesen nähern, so fällt der Einstieg oft nicht ganz einfach – Interessierte sind einer Flut von unterschiedlichen Begriffen, Abgrenzungen und Definitionen ausgesetzt, die teilweise tiefergehendes medizininformatisches Wissen voraussetzen. Mit einer Reihe von Essentials, die als „Identifier" den gemeinsamen Untertitel „Hands-on Healthcare and Interoperability" führen, möchten wir den Einstieg in dieses Themenfeld erleichtern, indem praxisorientiert komplexe Zusammenhänge in einfacher Sprache, verständlich und inhaltlich auf das Wesentliche reduziert, dargestellt werden.

Wir wünschen viel Freude beim Lesen und Erkenntnisgewinn.[1]

Marcus Kuper
Frank Oemig
Viola Henke

---

[1] **Zwei Hinweise:**

1. Die Autoren agieren explizit nicht im Namen der Organisation(en), für die sie gerade arbeiten.
2. Gendern: Wo es möglich ist, verwenden wir den Gender-Doppelpunkt, um eine neutrale Darstellung zu betonen. Wo das nicht möglich ist oder zu langen Satzkonstruktionen führen würde, nutzen wir die männliche Form, was aber nicht als Wertung zu verstehen ist.

Inhaltsverzeichnis

Über die Autoren

Marcus Kuper studierte an der Universität Rostock Wirtschaftsinformatik mit der Vertiefung Objektorientierung & Kommunikation. Er ist seit vielen Jahren im Bereich der Digitalisierung tätig – zunächst als Entwickler und Projektleiter im Kontext Veranstaltungsmanagement und eGovernment. Seit 2012 ist er in der IT-Abteilung der Universitätsmedizin Rostock zuständig für die Systemintegration und Kommunikation. Seit 2016 beschäftigt er sich mit dem Aufbau interoperabler Domänen in Klinik und Forschung. Bei IHE Deutschland engagiert er sich seit 2021 als Beauftragter für IHE und FHIR.

Dr. Frank Oemig, FHL7 setzt sich seit 1993 für die Lösung von Interoperabilitätsfragen im Gesundheitswesen ein. Dazu war bzw. ist er in mehreren führenden Industrieunternehmen in entsprechenden Positionen als Solutions Manager, Produktmanager, Systementwickler und Berater beschäftigt. Er ist auf Komitee-, Arbeitsgruppen- und/oder Vorstandsebene von HL7 USA, HL7 Deutschland, IHE Deutschland, bvitg, DIN und GMDS aktiv, um Interoperabilitätsfragen zu bearbeiten. Die ersten Grundlagen für seine heutigen Tätigkeiten wurden 1983 mit der Ausbildung zum Informatiker mit Nebenfach Medizin gelegt. 2011 hat er zum Thema Architektur und Wissensrepräsentation promoviert, darüber hinaus ist er Autor vieler Fachartikel zu den Themenkomplexen Interoperabilität, Architektur, Kommunikationsstandards sowie Terminologien und Ontologien.

Seit Ende 2016 sind seine Erfahrungswerte im Buch „Healthcare Interoperability Standards Compliance Handbook" zusammengefasst, dass er zusammen mit Robert Snelick von NIST im Rahmen seiner US-Aktivitäten geschrieben hat.

Dr. Viola Henke ist in leitender Position in einem Unternehmen der Gesundheits-IT tätig. Sie verfügt über langjährige Erfahrungen u. a. in den Bereichen Krankenhausmanagement, Prozessmanagement und elektronische Archivierung. Ehrenamtlich engagiert sie sich bei IHE Deutschland e. V., der GMDS und im bvitg. Als Autorin sowie Herausgeberin publiziert sie zu Themen wie Digitalstrategie im Krankenhaus, Prozessmanagement, Change-Management und Interoperabilität.

Einführung: Warum IHE?

1

1.1 Was bedeutet „IHE"?

„Integrating the Healthcare Enterprise" – ein Slogan, der ganz sicher mit Bedacht von den Gründern gewählt wurde, denn es geht um nichts Geringeres als darum, eine Antwort auf eine sehr zentrale Fragestellung des Gesundheitswesens zu finden: Was ist notwendig, damit IT-Systeme in Gesundheitsunternehmen die richtigen Daten, zum richtigen Zeitpunkt, sicher miteinander austauschen können?

Um darauf Antworten zu finden, engagieren sich seit Jahrzehnten Freiwillige aus der IT-Industrie und aus vielen Gesundheitseinrichtungen gleichermaßen – meist ehrenamtlich, um gemeinsam neue (und verbesserte) Antworten für die sehr komplexen Problemstellungen, die beim Datenaustausch zwischen medizinischen IT-Systemen entstehen, zu finden.

Ganz allgemein gesprochen, geht es bei IHE um die Erfüllung konkreter Kommunikations- und Integrationsanforderungen aus dem klinischen Alltag, und zwar so, dass mithilfe eines integrativen und inhaltlich eindeutigen Datenflusses die bestmögliche Behandlung des Patienten ermöglicht wird. Systeme, die unter Berücksichtigung von IHE entwickelt wurden, sollen sich leichter, gezielter, sicherer und kostengünstiger in medizinische IT-Landschaften integrieren lassen. Dieses Ziel erreicht IHE dadurch, dass die anwendungsfallbasierten Implementierungsleitfäden in interdisziplinären Teams (Anwender:innen und Hersteller) entwickelt werden. Diese Leitfäden orientieren sich an realen Anwendungsfällen aus der Praxis und setzen konsequent auf bereits etablierte Standards, d. h. es wird nicht durchgängig ein Standard empfohlen, sondern – bezogen auf den Anwendungsfall – die bestmögliche Kombination aus vorhandenen Standards (s. Abschn. 3.1.3). Dabei wird immer das ganze Anwendungsszenario in den

M. Kuper et al., *Integrating the Healthcare Enterprise (IHE) – Eine Einführung*, essentials, https://doi.org/10.1007/978-3-658-42810-5_1

1

Fokus gestellt. Jeder mit IHE zusammenarbeitende Systemhersteller ist dazu aufgefordert, seine Implementierung durch Testen mit anderen Systemherstellern unter Beweis zu stellen. Dies erfolgt in jährlichen, von IHE angebotenen Connect-a-thons (s. Abschn. 4.1).

Aber der Reihe nach – schauen wir doch erst einmal ein wenig zurück in die Vergangenheit und beantworten die allseits bekannten W-Fragen:

Wer hat wann, was und in welcher Reihenfolge in die Wege geleitet, damit wir heute auf dieses Wissen zugreifen können?

1.2   Entwicklungsgeschichte

IHE allgemein

Aus heutiger Sicht ist es gar nicht so einfach herauszufinden, was ganz genau zu der Gründung von IHE geführt hat. Sicher ist, dass wir ca. 25 Jahre zurück in die Vergangenheit reisen müssen. Zur damaligen Zeit, wir sprechen über das Jahr 1998, war der technische Entwicklungsstand in medizinischen Einrichtungen noch sehr weit entfernt von dem, was wir heute in unseren Praxen, Kliniken, Pflege- und Reha-Einrichtungen vorfinden. Medizinische Standards wie HL7 und DICOM wurden gerade initial eingesetzt, aber sowohl die meisten Systeme in niedergelassenen Arztpraxen, als auch Spezialsysteme in Krankenhäusern, „kommunizierten" hauptsächlich über Papierausdruck miteinander. Die papierbasierte Patientenakte war zu dieser Zeit der „heilige Gral" der Information über eine:n Patient:in und musste bei jeder Untersuchung dem jeweiligen behandelndem Fachbereich vorliegen.

Gerade die Radiologie war schon früh einer der führenden Fachbereiche, wenn es um das Erkennen der Bedeutung eines nahtlosen Austausches von Patientendaten ging und nahm deshalb eine Art Voreiterrolle an.

Gut zu wissen: Warum gilt die Radiologie als Vorreiter der digitalen Transformation in der Medizin?
Ein Beispiel: Dr. David S. Channin schildert im Jahr 2001 in seinem Artikel „Integrating the Healthcare Enterprise: A Primer Part 3", dass Ende der Achtzigerjahre in seiner Radiologieabteilung an der Northwestern University in Chicago eine routinemäßig durchgeführte Röntgenaufnahme der Brust eines stationären Patienten 59 Einzelschritte und 12 Mitarbeiter:innen benötigte, um diese Untersuchung durchzuführen. Weiterhin berichtet er,

dass allein durch die Einführung von einzelnen Computersystemen nur sehr wenige Arbeitsschritte wegfielen. Erst durch die Nutzung der Standards HL7 und DICOM in den Neunzigerjahren konnten die Arbeitsschritte durch einen elektronischen Datenaustausch drastisch reduziert werden. (Channin et al., 2001)

Der technische Fortschritt im Bereich der radiologischen Untersuchungsmethoden führte in den 1990er Jahren zu immer präziser arbeitenden und zunehmend die digitale Bildtechnik unterstützenden Untersuchungsgeräten. Da dieser Fortschritt durch z. B. verminderte Strahlungsintensität (z. B. durch Niedrig-Dosis-Computertomographie oder auch Flachdetektoren) auch die Patientensicherheit bei Untersuchungen stark erhöhte, wurde vermehrt in diese neuen, allerdings leider auch sehr kostenintensiven, Untersuchungsgeräte und deren Verfahren investiert – vorerst allerdings nur im stationären Bereich. Bedingt durch die Flut der daraus resultierenden digitalen Bilddaten, gab es schon sehr früh die Notwendigkeit diese Daten auch sicher zu speichern und auszutauschen. Gerade die Anforderung der Langzeitspeicherung, sowie der Wunsch der Kliniker nahtlos und schnell auf die bildgebenden Medien zuzugreifen, führte auch zur Einführung von Radiologieinformationssystemen (RIS) sowie Bildablage- und Kommunikationssystemen (PACS). Letztendlich wurde so auch die Vernetzung durch standardisierte HL7- und DICOM-Schnittstellen vorangetrieben. (Kramme, Medizintechnik, 2011)

In den großen Kliniken waren Mitte der 1990er Jahre die ersten klinischen- (KIS) und radiologischen Informationssysteme (RIS), sowie Bildablage- und Kommunikationssysteme (PACS) etabliert und man begann mit der Verbindung dieser Systeme mit Hilfe der zur Verfügung stehenden Übertragungsstandards – wie beispielsweise HL7 v2.x und DICOM. Durch die zunehmende Vernetzung der Fachbereiche und dem gleichzeitigen Auf- und Ausbau von klinikinternen IT-Abteilungen, erlangten die Beteiligten zunehmend größeres Wissen über die Bedeutung und die Chancen der Systemvernetzung und des abteilungsübergreifenden Patientendatenaustausches. Durch die verbesserte Verfügbarkeit dieser für die Entscheidungsfindung notwendigen Information, wurde Schritt für Schritt auch eine bessere Behandlung ihrer Patienten ermöglicht (Siegel & Channin, 2001).

Wo Chancen sind, da sind natürlich auch Risiken und diese wurden mit steigender Anzahl der zu implementierenden Schnittstellen immer sichtbarer.

Abb. 1.1   Punkt-zu-Punkt-Verbindung zwischen zwei Systemen

Da es zu dieser Zeit, bezogen auf die Interpretation der eingesetzten Standards, noch keinen Konsens zwischen den unterschiedlichen Systemherstellern der fachabteilungsspezifischen Systeme gab, wurden verfügbare Standards nach Maßgabe und Interpretation der eigenen Systemanforderungen berücksichtigt. Daraus resultierte, dass in der Implementierung dieser ersten digitalen medizinischen Prozesse, wie z. B. der internen Beauftragung medizinischer Leistungen („Order-Entry-Prozess"), große Probleme bei der Interpretation und der Sicherheit der übermittelten Daten auftraten.

Ein Beispiel: Die Implementierung einer Schnittstelle zwischen zwei Systemen (z. B. zwischen KIS und RIS) bzw. „Kommunikationspartnern" unterliegt, auch unter der Nutzung der etablierten Standards, einer gewissen Interpretation der eingesetzten Standards (Oemig et al., 2023).

Oft wird das (damals wie auch heute noch) durch eine direkte und individuelle Absprache zwischen den Kommunikationspartnern gelöst. Das funktioniert für eine Punkt-zu-Punkt-Verbindung zwischen Sender und Empfänger ganz gut (vgl. Abb. 1.1).

Hat man jedoch mehr als zwei Beteiligte innerhalb dieses Kommunikationsprozesses, erhöht sich der Abspracheaufwand zwischen den beteiligten Partnern signifikant. Um diesen Abspracheaufwand zu reduzieren, ist eine einheitliche Interpretation von Standards und deren Nutzung notwendig.

Ist das nicht der Fall, kann es sehr schnell zu semantischen Fehlinterpretationen kommen, die nur sehr schwer zu korrigieren sind und deshalb immensen Aufwand in Entwicklung, Implementierung und Test erzeugen können und letztlich zur Erstellung von proprietären[1] Schnittstellen führen (Wein, 2003).

---

[1] Wieder- und Weiterverwendung sowie Änderung und Anpassung sind extrem eingeschränkt, da individuelle bzw. herstellerspezifische Besonderheiten eine Übertragung auf eine vergleichbare Anwendung erschweren bzw. unmöglich machen.

Gut zu wissen: Die Reise eines radiologischen Patienten in der Praxis: „Patient Journey"

Die Reise eines klinisch zu behandelnden Patienten beginnt mit der Aufnahme z. B. über die zentrale Aufnahmestelle des zuständigen Klinikums. Über die elektronische Gesundheitskarte (eGK) werden neben den Patientenstammdaten (Vor- und Nachname, Adresse, Telefonnummer) auch die Versicherungsdaten über ein eGK-Lesegerät eingelesen. Die Aufnahmekraft erstellt mit den eingelesenen Kartendaten im KIS einen neuen Abrechnungsfall, das System vergibt eine eindeutige Patienten- (wichtig für die spätere Identifikation des Patienten) und eine eindeutige Fallnummer (Nummer des Abrechnungsfalls – ist der Patientennummer zugeordnet). Gab es bereits radiologische Bilddaten aus Voruntersuchungen (z. B. durch eine radiologische Praxis erstellt) wird die mitgebrachte CD eingelesen, oder die über das klinische Einweiserportal übermittelten Bilddaten der neu vergebenen Patienten- und der Fallnummer zugeordnet. Bringt der:die Patient:in eine Überweisung mit, so werden die dort hinterlegten Diagnosen als Aufnahmediagnosen im KIS hinzugefügt. Die erfassten Patientendaten werden vom KIS als sogenannte ADT-Daten[2] an alle Subsysteme wie das RIS, das PACS oder das LIS weitergegeben. Die Aufnahmekraft überreicht dem Patienten die notwendigen Patientenaufklärungsunterlagen, die nach dem Aufklärungsgespräch mit dem behandelnden Arzt unterschrieben werden müssen.

Während der Anamnese wird der:die Patient:in eingehend untersucht und es wird eine Entscheidung getroffen, welche Untersuchungen (z. B. vor einer anstehenden Operation) durchgeführt werden müssen und welche Fachabteilung der:die Patient:in stationär zugeordnet wird. Auf dieser Station erhält der:die Patient:in dann sein Bett. Ist z. B. eine radiologische Untersuchung notwendig, erstellt die behandelnde Ärztin einen klinischen Auftrag im KIS. Dieser beinhaltet die Art der radiologischen Untersuchung, die medizinische Fragestellung, Diagnose und Kurzanamnese, sowie Kontraindikationen (wie z. B. Kontrastmittelunverträglichkeit oder ob Metallimplantate vorhanden sind) und bei Frauen, ob eine Schwangerschaft vorliegt. Danach erfolgt die Übertragung der Auftragsdaten mit dem gewünschten Termin erneut per HL7 zum RIS. Dort wird durch

---

[2] ADT-Admission, Discharge, Transmission: Steht für die Patientenstamm- und Verlegungsdaten. Der Datensatz ist durch den HL7 v2.x Standard beschrieben.

einen radiologischen Mitarbeiter (MT-R) eine radiologische Maßnahme erstellt und geplant. Dieser Vorgang bedarf sowohl der Terminplanung als auch der Zuweisung des entsprechenden Untersuchungsgerätes (Modalität). Des Weiteren vergibt das RIS für die im PACS entstehende radiologische Bildstudie die identifizierenden Zugangsnummern.[3]

Diese Daten werden weiter zum PACS übertragen. Dort wird die Arbeitsliste (DICOM-Worklist) erstellt, die dann zur Modalität (z. B. Röntgen, CT, MRT oder Angiografie) übertragen wird. So sind an der Modalität alle für die Untersuchung notwendigen Patientendaten abrufbar. Der:Die Patient:in begibt sich zum vereinbarten Termin in die radiologische Abteilung und die Untersuchung kann stattfinden. Die Modalität sendet Informationen wie z. B. Art, Startzeit, Dauer im DICOM-Format an das RIS und das PACS. Ist die Untersuchung beendet werden die Bilddaten per DICOM an das PACS gesendet und dort gespeichert. Über spezielle HL7-Statusmeldungen (Study Complete Notification) sendet das PACS diese Meldungen an das RIS und das KIS. Über diesen Prozess werden die Systeme (und damit das medizinische Personal) informiert, in welchem Zustand (z. B. „Auftrag im RIS", „DICOM-Worklist erstellt", „Bilddaten verfügbar") sich die radiologische Untersuchung des Patienten befindet. Sind die Bilddaten im PACS verfügbar, können sie über einen DICOM-Viewer auf den Befundsarbeitsplätzen[4] des RIS und auch aus dem KIS aufgerufen werden. Zum Abschluss der Untersuchung wird durch einen Mitarbeiter der Radiologie dokumentiert, welche radiologischen Leistungen erbracht wurden und es werden die Röntgenverordnungswerte (RöV) und verbrauchten Materialien (z. B. Kontrastmittel) festgehalten. Des Weiteren werden auf Basis dieser Daten die erbrachten Leistungen als Abrechnungs-kennziffern im RIS hinterlegt und per HL7 an das KIS übertragen. Der zuständige Radiologe kann dann am Ende der Untersuchung über das RIS die Befundung an seinem Befundungsarbeitsplatz durchführen.

---

[3] Dabei handelt es sich um die Accession-Nummer und die Study Instance UID. Beide Nummern sind innerhalb des RIS und PACS wichtig für die spätere Identifizierung der entstehenden Bilddaten.

[4] Meist handelt es sich dabei um speziell kalibrierte medizinische Bildschirmlösungen, die aus mehreren Monitoren bestehen.

Die daraus resultierenden Befunddaten werden nach Freigabe durch den Behandelnden an das KIS gesendet. Der:Die überweisende Mediziner:in kann daraufhin sowohl auf die Bilddaten als auch auf die Befundtexte des:der Radiologen:in zugreifen. Der anfordernde Arzt verordnet auf Basis dieser und weiterer Untersuchungsergebnisse die notwendige Behandlung (z. B. Diagnose und einen operativen Eingriff).

Nachdem die Behandlung abgeschlossen werden konnte, erfolgt die stationäre Entlassung. Dazu wird von dem Behandelnden der Entlassbrief bzw. Arztbrief im KIS erstellt, regelhaft ausgedruckt und dem:der Patienten:in mitgegeben; oftmals wird eine Version auch in der Papierakte hinterlegt. Der Arztbrief beinhaltet alle die für den einweisenden Arzt notwendigen Informationen (z. B. alle klinischen Diagnosen, aktuelle Beschwerden, Therapieempfehlungen, Befunde, Medikation).

Neben der Dokumentation im KIS und in anderen Subsystemen erfolgt die Behandlungsdokumentation oftmals noch auf Papier, d. h. während des Behandlungsverlaufes hat der:die Patient:in sowohl eine elektronische Akte als auch eine papierbasierte Akte. Nach Entlassung des Patienten erfolgt eine Abrechnung des Falls mit der Krankenkasse unter Zuhilfenahme der vorliegenden Dokumentation und eine Archivierung der Behandlungsdokumentation (gesetzlich vorgeschrieben).

Abb. 1.2 zeigt beispielhaft einen vereinfacht dargestellten Order-Entry-Prozess in der Radiologie. Alle Kommunikationspartner (KIS, RIS und PACS) müssen sich nicht nur darüber verständigen, wie die Patientendaten entlang des Prozesses auszutauschen sind, also welcher Übertragungsstandard, in welcher Version und Interpretation genutzt wird und wie die erzeugten Patienten-, Auftrags-, Befund- und Abrechnungsdaten zu lesen bzw. zu interpretieren sind, sondern auch die Prozessdetails wie bspw. ein neuer Auftrag, Änderungen, Statusmitteilungen und Ergebnisrückübermittlungen. Nur dann erhalten behandelnde Mediziner:innen und Pflegekräfte sichere und schnelle Auskunft über die Ergebnisse der veranlassten Untersuchung. Des Weiteren ist nur unter diesen Voraussetzungen eine exakte Dokumentation und spätere Abrechnung der erbrachten Untersuchungsleistung möglich.

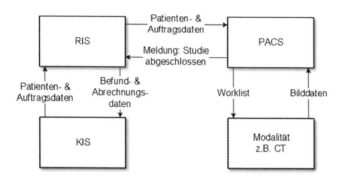

Abb. 1.2   Order-Entry-Prozess in der Radiologie (Ohne Kommunikationsserver)

Gut zu wissen: HL7 v2.x vs. DICOM
Die nahtlose Patienten- und Bilddatenübertragung innerhalb des oben dargestellten Order-Entry-Prozesses ist ganz offensichtlich ohne die Standards
HL7 v2.x und DICOM kaum denkbar. Allerdings stellte die Kombination
dieser beiden Standards die Implementierenden vor neue Herausforderungen.

Während bei HL7 die Patientendaten im Fokus stehen, also auf die
Kombination von Patienten- und Fallnummer zentriert ist, steht bei DICOM
die Bildstudie und damit die Identifikationsnummern „Study Instance UID"
und die „Accession-Nummer" im Vordergrund. Mit der Auswahl dieses
Use Cases als einer der ersten, wollte IHE diese beiden Standards in einem
gemeinsamen Workflow zusammenführen, um im Bereich Radiologie ein
dringendes Problem der Anwender zu lösen (Orza et al., 2010).

Es war wohl diese Erkenntnis der Inkompatibilität im impliziten Datenmodell
(Oemig et al., 2023) der beiden führenden Standards, die sich – getrieben aus der
Praxis – als eine der zentralen Fragestellungen des Datenaustausches im Gesund-
heitswesen herausbildete und 1998 in den USA durch die Healthcare Information
and Management Systems Society (HIMSS), und die Radiological Society of
North America (RSNA) zur Gründung von IHE führte (Siegel & Channin, 2001).

Gut zu wissen: RSNA & HIMSS

Die RSNA ist ebenfalls eine gemeinnützige Organisation und wurde bereits 1915 gegründet. Die Organisation setzt sich weltweit für die Radiologie ein, bietet Aus-, Weiterbildung und Zertifizierungen an und unterstützt die Forschung von Ärzten in dieser Domäne. Sie ist Herausgeber wichtiger Fachzeitschriften (wie z. B. Radiology, RadioGraphics und Radiology: Artificial Intelligence) und veranstaltet jährlich die weltweit größte Radiologiekonferenz – das RSNA Annual Meeting. Weiterhin finanziert die Organisation die Weiterentwicklung und Pflege der DICOM-Standards. (RSNA – Who we are, 2022)

Die HIMSS ist eine 1961 in Chicago gegründete, global agierende Non-Profit-Gesundheitsorganisation, die sich für die Verbesserung des globalen Gesundheitsökosystems u. a. durch die digitale Transformation einsetzt. (HIMSS – Who we are, 2022)

Das Kick-Off-Meeting zur Gründung von IHE fand vom 13.–14. Oktober 1998 in einem Workshop zwischen den beiden Organisationen in Chicago statt. Zum damaligen Zeitpunkt wurden folgende Probleme identifiziert: (Wirsz, The IHE Initiative Worldwide – An Update, 2005)

- Fehlender Zugang zu kompletten medizinischen Daten (gemeint sind hier alle, in einer Gesundheitseinrichtung erfassten Patientendaten).
- Inkonsistente medizinische Daten zwischen Abteilungen und Institutionen (gemeint ist hier die Widersprüchlichkeit der medizinischen Daten verschiedener Abteilungen, also letztlich nicht eindeutigen Daten).
- Unzulängliche Kommunikation zwischen verschiedenen Systemen unterschiedlicher Abteilungen (gemeint ist hier, dass die Abteilungssysteme die Daten semantisch unterschiedlich interpretieren können).
- Riskante Investitionen in proprietäre Lösungen (gemeint ist hier, dass proprietäre Lösungen den Aufbau einer nachhaltigen IT-Infrastruktur entgegenstehen).

Zur Lösung dieser Probleme wurde von HIMSS und RSNA ein mehrjähriges Projekt beschlossen, das die folgenden Ziele erreichen sollte:

- Den Zugang zu klinischen Informationen erweitern,
- Gewährleistung der Kontinuität (ununterbrochene Fortdauer) und Integrität (Richtigkeit und Vollständigkeit) von Patienteninformationen,

- Beschleunigung der Integration (A. d. Ü.: von Abteilungssystemen und deren Patientendaten) in Umgebungen des Gesundheitswesens,
- Förderung der Kommunikation zwischen Anbietern medizinischer Informationstechnologie,
- nachweisen, dass Integration (A. d. Ü.: im Sinne von Interoperabilität) auf Basis von Standards erreichbar ist.

Als Teilnehmer wurden damals folgenden Gruppen identifiziert:

- Vertreter von Gesundheitsdienstleistern
- Anbieter von Informationssystemen
- Anbieter von Imaging-Systemen
- Standardisierungsgruppen

Aus dem ursprünglichen Projekt heraus wurde die gemeinnützige Organisation IHE International gegründet. Die als Leitbild dienende Vision und Mission von IHE International sind aus den damaligen Zielstellungen direkt ableitbar (s. Abschn. 1.3).

Das erste Technical Framework erschien 1998 für die Radiologiedomäne und hatte den Fokus darauf, ein möglichst präzises und allgemeingültiges Interaktionsmodell für den Austausch von medizinischen Informationen zu definieren, das den gesamten Workflow, von der Aufnahme über die Stationen bis in die Radiologie, darstellt. Es sollte ganz genau beschreiben, wie DICOM und HL7 von Informationssystemen genutzt werden sollten, um eine Reihe klar definierter Transaktionen abzuschließen, die eine bestimmte Aufgabe erfüllen.

Viele medizinische Systemhersteller unterstützten die IHE-Initiative sehr schnell, denn Anbieter, die die Anforderungen des Technical Frameworks (s. Abschn. 2.2) implementierten und in ihre Produkte integrierten, konnten auf den frühen IHE-Demonstrationen zeigen, dass ihre Produkte den Anforderungen der ausgewählten IHE-Profile gerecht werden und sich so Wettbewerbsvorteile sichern. Darüber hinaus wollten die Hersteller ebenfalls zeigen, dass weitere, neue Integrationsprobleme mit ihrer Implementierung gelöst werden können. Teilnehmende Unternehmen nutzten deshalb die ersten Demonstrationen oft auch als Messevorbereitungen (für Live-Demos). Die ersten Demonstrationen wurden 1999 auf dem jährlich stattfinden RSNA-Meeting in Chicago gezeigt – die Idee vom Connect-a-thon war geboren (Siegel & Channin, 2001).

Auch auf europäischer Ebene gab es ab dem Jahr 2000 erste Gespräche zwischen Anwendern und Industrie, die die Gründung von IHE Europe vorbereiteten. Das erste europäische aktive Komitee tagte im März 2001 erstmals in

Brüssel. Im gleichen Jahr gründete sich mit Unterstützung der GMSIH (Groupement pour la Modernisation du Système d'Information Hospitalier) und SFR (Société Française de Radiologie) IHE Frankreich als erste nationale Initiative. (IHE International Wiki – France, 2023)

Im Juni 2001 fanden im Rahmen des DICOM-Treffens in Mainz auch erste Aktivitäten von IHE in Deutschland statt (Wein, 2003). Europaübergreifend folgten ab 2002 Länderorganisationen in Italien, Japan, sowie in Großbritannien. Im Jahr 2003 kamen Deutschland, Kanada, Korea und Taiwan und ab dem Jahr 2004 Norwegen, die Niederlande, Spanien und China dazu. (Wirsz, The IHE Initiative Worldwide – An Update, 2005)

IHE startete mit insgesamt sieben Integrationsprofilen innerhalb der Radiologiedomäne. In den folgenden Jahren wuchs die Anzahl der Profile rasant an. Durch die zunehmende Beteiligung an internationalen Kongressen und Messen erweiterte sich der Kreis der IHE-Interessierten um neue Unterstützer aus Wirtschaft, medizinischer Versorgung und Wissenschaft, was wiederum zu einer Ausweitung auf weitere Domänen führte. Dazu zählten die Kardiologie- und die Labordomäne, die Domäne einrichtungsübergreifende Behandlungsketten und die IT-Infrastrukturdomäne. Ab dem Jahr 2005 kamen dann auch die Pathologie und später die Pharmazie hinzu. (Mildenberger et al. 2005)

Die Augenheilkunde- und Endoskopiedomäne, die Medizingerätedomäne und die Domäne für einrichtungsübergreifende Behandlungsketten starteten 2005. Im Jahr 2007 begann die übergreifende Domäne Quality, Research and Public Health ihre Arbeit. Die Zahnmedizin begann in Jahr 2011 (IHE International – IHE Domains, 2022).

Heute besteht IHE International aus über 100 Mitgliedsorganisation, die auf der ganzen Welt das notwendige „Rüstzeug" anbieten, um die Interoperabilität in den verschiedenen Domänen zwischen medizinischen Systemen zu gewährleisten. (IHE International – Member Organisations, 2022)

IHE Deutschland

„IHE hat in der Radiologie begonnen. Die Bewegung wird aber nicht dort stehen bleiben, da der Anspruch besteht, das gesamte Gesundheitswesen in einer Informationswelt zu verbinden." (Wein 2003)

Fast schon euphorisch berichtet der Aachener Radiologe Prof. Dr. med. Berthold B. Wein, in seinem Artikel „IHE (Integrating the Healthcare Enterprise): Ein neuer Ansatz zur Verbesserung der digitalen Kommunikation im Gesundheitswesen", in der Februarausgabe der Fachzeitschrift „RöFo" im Jahr 2003 über die Inhalte und

Möglichkeiten von IHE, sowie den Stand, den IHE zur damaligen Zeit international
und in Deutschland hatte.

In Deutschland gab es ab dem Jahr 2002 vermehrt Gespräche zwischen Medizi-
nern, Informatikern und bestehenden medizinischen Verbänden und Organisationen.
Die Beteiligten verstanden sich als Teil einer internationalen Bewegung und der
Kreis der Interessierten erweiterte sich fortlaufend durch Vorträge und Präsentatio-
nen z. B. auf der MEDICA in Düsseldorf und dem Prorec-Treffen in Berlin, sowie
dem deutschen Röntgenkongress in Wiesbaden. Der erste in Deutschland durchgeführte Connect-a-thon wurde im März 2003 im Klinikum in Aachen veranstaltet. Es
beteiligten sich 43 Firmen mit insgesamt 74 teilnehmenden Systemen (Eichelberg
et al., 2004). Dies war letztlich auch der formale Anlass zur Gründung von IHE
Deutschland e. V.

Die deutsche IHE-Initiative verstand sich von Anfang an als Abbildung der europäischen IHE-Interessen, portiert auf die Gegebenheiten und Herausforderungen des
deutschen Gesundheitswesens. Zu den damals identifizierten Aufgaben zählte man:
(Wein, 2003)

• Ausrichtung und Durchführung der deutschen Demonstrationen
• Festlegung, welche IHE-Profile in den Demonstrationen gezeigt werden
• Entscheidungshoheit über die Interpretation der IHE-Profile
• Erarbeitung landesspezifischer Erweiterungen der Technical Frameworks (s.
  Abschn. 2.4)
• Kommunikation und Information von IHE-Vision und -Mission in Bezug auf
  weitere medizinische Domänen
• Erstellung von Informationsmaterialien

Viele dieser Punkte haben sich bis heute erhalten und finden sich im Vereinszweck
innerhalb der Satzung von IHE Deutschland wieder. Der Verein hat heute über 100
Mitglieder[5] mit einer Geschäftsstelle in Berlin.

---

[5] Stand: 01.01.2021: https://www.ihe-d.de/ueber-uns/mitglieder/.

1.3 IHE: International, Europa und Deutschland

Wie wir bereits erfahren haben, gründete sich IHE ursprünglich in den USA und entwickelte sich nach und nach zu einer internationalen Initiative. Des Weiteren haben wir gelernt, dass sich mit der Zeit eine große Anzahl regionaler und nationaler IHE-Komitees gründeten. Aber warum ist das überhaupt notwendig gewesen bzw. haben diese national arbeitenden Akteure auch heute noch Relevanz?

Grund für die Existenz nationaler IHE-Komitees sind die landesspezifischen und oftmals historisch bedingten unterschiedlichen Strukturen der jeweiligen Gesundheitssysteme (Henke et al., 2024). Daraus resultieren unterschiedliche Anforderungen wie beispielsweise die Anpassung an Sprache und Gesetzgebung. Für Anbieter medizinischer Hard- und Softwareprodukte spielen diese Anforderungen eine wichtige Rolle, weshalb in Hinblick auf Krankenhaus- und Fachbereichssysteme oftmals national agierende Unternehmen dominieren. Schaut man sich jedoch die Herausforderungen an – die sich z. B. bei einem Datenaustausch in klinischen Prozessen ergeben – so kann man feststellen, dass diese Probleme eigentlich in fast jedem Land durch geringfügige Anpassungen der internationalen Integrationsprofile an die nationalen Gegebenheiten auf die gleiche Art und Weise gelöst werden können. Bei den landesspezifischen Anpassungen geht es beispielsweise um die Nutzung von Identifikatoren und spezielle Codesysteme oder auch durch den Landesdatenschutz erforderliche Anpassungen. Solche Anpassungen sind z. B. in den IHE Value Sets zu finden (Eichelberg et al., 2004).

Die inhaltliche Arbeit von IHE erfolgt größtenteils auf internationaler Ebene – repräsentiert durch die Domänenkomitees und das International Board (vgl. Abschn. 1.4). Auf regionaler (Europa, Asien, Nord- und Südamerika, sowie im Nahen Osten) und nationaler Ebene finden Aktivitäten zu Aus- und Weiterbildung bzw. zur Planung und Durchführung der Connect-a-thons statt (IHE International – IHE Wordwide, 2022).

Gut zu wissen: Vision vs. Mission
Die IHE-Initiative arbeitet auf Basis einer Vision und einer Mission: Während sich die Vision als eine Art Leitmotiv (nahtloser und sicherer Zugang zu Gesundheitsdaten zu ermöglichen) eher nach innen richtet, ist die Mission (u. a. Einführung interoperabler digitaler Workflows) nach außen, an die Anwender:innen bzw. Community, sowie auf deren aktuelle

Schwerpunkte/Fokus ausgerichtet. (IHE International – IHE Strategic Plan, 2022)

1.4   Grundsätze und Organisation von IHE

Ausgehend von der Vision und Mission von IHE wurden eine Reihe von Grundsätzen definiert, aus denen die Organisation ihr Handeln ableitet. Darunter befinden sich grundlegende Punkte wie Transparenz, Offenheit, Unparteilichkeit und Ausgewogenheit, Interoperabilitätsorientierung sowie die konsensbasierte Entscheidungsfindung. Eine komplette Auflistung der Grundsätze, inklusive weiterführender Erläuterungen, findet man im IHE eigenen Dokument „Principles of Governance". (IHE International – Principles of Governance, 2019)

Um zu verstehen wie IHE organisiert ist, schauen wir uns im nächsten Schritt die Aktivitäten von IHE an. IHE unterscheidet die Entwicklungs- von den Deployment-Aktivitäten (Abb. 1.3).

Die Entwicklungsarbeit erfolgt auf der internationalen Ebene und umfasst die Erarbeitung und Veröffentlichung der einzelnen domänenspezifischen Technical Frameworks (z. B. das Rahmenwerk der Radiologie) mit den dort enthaltenen einzelnen Integrationsprofilen. Für jede Domäne wählt ein Planungsausschuss jährlich die neuen bzw. zu erweiternden Anwendungsfälle aus, die dann von einem technischen Ausschuss durch die Profilierung von Standards technisch adäquat umgesetzt werden. Die Details zu den Anwendungsfällen werden in den Technical Frameworks und deren Ergänzungen dokumentiert. Ein Domänen-koordinierungsausschuss stellt sicher, dass konsistente Prozesse und technische Anweisungen befolgt werden. (s. Abschn. 2.1).

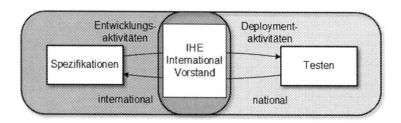

Abb. 1.3   IHE-Aktivitäten. (IHE International – Principles of Governance, 2019)

Unter den Deployment-Aktivitäten versteht IHE all das, was mit der Nutzung der nach den IHE-Integrationsprofilen entwickelten Software zu tun hat. Das beinhaltet sowohl die Organisation von Tests und Demonstrationen auf regionaler bzw. nationaler Ebene, bspw. auf Messen, als auch Werbungs- und Aufklärungsaktivitäten rund um das Thema Interoperabilität und IHE. Zu den Deployment-Aktivitäten gehört auch die Entwicklung von Testsoftware. Koordiniert und organisiert werden alle diese Einsatzaktivitäten von regionalen bzw. nationalen Deployment-Komitees, die auf globaler Ebene unterstützt werden (IHE International – Principles of Governance, 2019).

IHE International
Die Gremien und Ausschüsse auf internationaler Ebene kümmern sich um Management, Prozesse und Finanzen von IHE. Die IHE-Domänenausschüsse planen und entwickeln die Integrationsprofile und bündeln sie in Technical Frameworks, die domänenspezifisch verwaltet werden. Damit ein Gleichgewicht in den Gremien herrscht, sollen in allen Ausschüssen sowohl die Anwender- als auch die Herstellerseite angemessen vertreten sein. Eine Beteiligung in den Ausschüssen ist durch Mitgliedschaft bei IHE International möglich. (Academy Technikum Wien, 2019)

IHE beschreibt die gesamte Struktur der Organisation sowie deren Grundsätze im Dokument „IHE Principles of Governance". (IHE International – Principles of Governance, 2019)

Abb. 1.4 zeigt wie die Komitees auf internationaler, regionaler und nationaler Ebene zusammenarbeiten.

Die wichtigsten Gremien und deren Aufgaben sind (IHE International – Principles of Governance, 2019):

- **IHE-Vorstand sowie der Ausschuss des Vorstands:** Sie leiten alle anderen Komitees von IHE International. Außerdem bevollmächtigen und koordinieren sie die nationalen und regionalen Deployment-Komitees.
- **Test- und Tools-Komitee:** Das Gremium koordiniert die IHE-Testaktivitäten, die von nationalen und regionalen Deployment-Komitees durchgeführt werden. Des Weiteren obliegt ihnen die Entwicklung von Testsoftware und anderen Tools.
- **Marketing- und Kommunikationskomitee:** Dieses Komitee koordiniert alle Aktivitäten und Ressourcen rund um das Thema Werbung und Kommunikation für IHE.
- **Beratungsgremium:** Der Beirat besteht aus einer Gruppe von eingeladenen Führungskräften aus der Gesundheitsinformationstechnologie und verwandten Bereichen, die den Vorstand beraten.

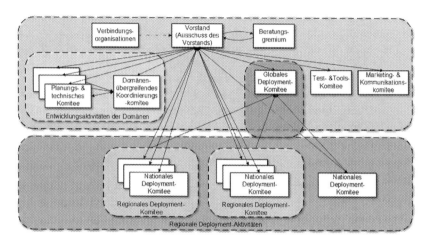

Abb. 1.4 IHE International: Organisation der Komitees. (IHE International – Principles of Governance, 2019)

- **Domänenkomitees (Planungs- und technische Komitees):** Sie entwickeln die IHE Technical Frameworks, die interoperablen Spezifikationen, die das Fundament und Resultat des IHE-Entwicklungsprozesses abbilden.
- **Domänenkoordinierungskomitee:** Das Komitee sorgt für konsistente Prozesse entlang aller IHE-Domänen. Außerdem gewährleistet der Ausschuss die effektive Kommunikation und Koordination zwischen allen Domänen.
- **Nationale und regionale Deployment-Komitees:** Sie werden vom IHE-International-Vorstand beauftragt lokale Test- und Demonstrations- sowie Ausbildungsveranstaltungen zu organisieren. Des Weiteren entwickeln sie in Kooperation mit den zuständigen technischen Komitees nationale Erweiterungen zu Technical Frameworks, um so lokale Anpassungen der Versorgung besser abzubilden. Sie entwickeln ihre eigenen Führungsregeln und Geschäftsmodelle, die aber grundsätzlich den Prinzipien von IHE International folgen.
- **Globales Deployment-Koordinierungskomitee:** Das Komitee kümmert sich auf internationaler Ebene um die konsistente Nutzung von IHE-Profilen , -Prozessen, -Werkzeugen und -Diensten und fördert eine effektive Kommunikation und Koordination zwischen ihnen.
- **Kollaboration mit anderen Organisationen:** Darunter sind relevante Organisationen zur Entwicklung von Standards zu verstehen. Sie schließen gegenseitige

Vereinbarungen mit IHE International ab, um über ergänzende Aktivitäten zu kommunizieren und diese zu koordinieren.

IHE in Deutschland

IHE in Deutschland versteht sich als eine von 13 europäischen nationalen Deployment-Komitees und wurde 2003 als Verein gegründet. Die Interessen dieser nationalen Komitees werden von IHE Europe als regionales Gremium vertreten (IHE Deutschland e. V. – Über uns, 2023).

Abb. 1.5 zeigt wie der Verein IHE Deutschland e. V. aufgebaut ist. Neben der klar geregelten Vertretung der Anwender- und Herstellerseite im Vorstand, engagieren sich ehrenamtlich Freiwillige, ebenfalls als Anwender:innen oder Hersteller,

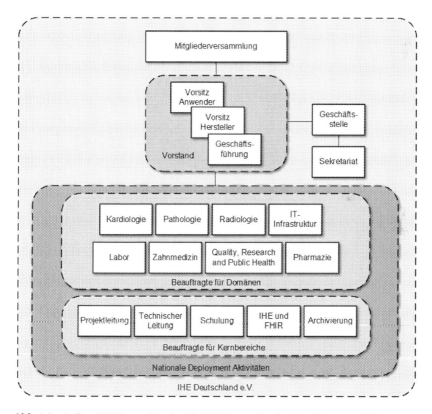

Abb. 1.5 Aufbau IHE Deutschland e. V. (IHE Deutschland e. V. – Vorstand, 2023)

projektbasiert in den einzelnen medizinischen Domänen bzw. als Beauftragte für identifizierte und in der Satzung fest verankerte Kernbereiche, wie z. B. Schulung und Öffentlichkeitsarbeit sowie bei der Organisation des Connect-a-thons, der zentralen Testveranstaltung von IHE (IHE Deutschland e. V. – Vorstand, 2023).

Projekte wie das IHE Cookbook, die XDS Value Sets, Mitarbeit an der Spezifikation zur elektronischen Beschaffung im Gesundheitswesen und das Projekt PAM-Abgleich sind Beispiele für Umsetzungen und Anpassungen von nationalen Erweiterungen und Ergänzungen zu bestehenden IHE-Integrationsprofilen und deren Anwendung in Deutschland. Darüber hinaus kam aus Deutschland mit Advanced Patient Privacy Consents (APPC) die Neugestaltung des Basic Patient Privacy Consents (BPPC) – Profils, um die gerade in Deutschland sehr relevanten Security-Anforderungen umsetzen zu können (vgl. Abschn. 2.4) (IHE Deutschland e. V. – Projekte, 2023).

Im Mittelpunkt: Domänen und Frameworks

2

2.1 Was sind Domänen?

Die einzelnen Fachbereiche innerhalb des Gesundheitswesens werden bei IHE durch sog. „Domänen" repräsentiert, die für die Pflege und Entwicklung des domänenspezifischen Technical Frameworks verantwortlich sind. Ein Technical Framework verwaltet alle zur Domäne zugehörigen Integrationsprofile, die jeweils die eigentlichen medizinischen Use Cases der Domäne beschreiben.

Jeder Domäne aber auch jedem Integrationsprofil ist ein ganz spezifisches Akronym zugeordnet, das für das Referenzieren und die Zuordnung innerhalb und außerhalb der Domäne verwendet wird. (IHE International Wiki – Domains, 2022)

Die eigentliche Arbeit erfolgt bei IHE in den verschiedenen domänenspezifischen Komitees. Abb. 2.1 zeigt wie die Komitees aufgebaut sind und zusammenhängen.

Wie schon im Abschn. 1.2 erwähnt, startete IHE 1998 mit insgesamt sieben Integrationsprofilen innerhalb der Domäne Radiologie. Aktuell unterhält IHE 80 finale verabschiedete Integrationsprofile und 13 aktive Domänen (IHE International Wiki – Profiles, 2022).

Einen komprimierten Überblick über die aktiven Domänen, deren jeweiliger Entwicklungszyklus (s. Abschn. 3.1.1), sowie Informationen zu den jeweiligen Domänensponsoren sind im Wiki[1] von IHE International zu finden.

---

[1] https://wiki.ihe.net/index.php/domains.

© Der/die Autor(en), exklusiv lizenziert an Springer Fachmedien Wiesbaden GmbH, ein Teil von Springer Nature 2023
M. Kuper et al., *Integrating the Healthcare Enterprise (IHE) – Eine Einführung*, essentials, https://doi.org/10.1007/978-3-658-42810-5_2

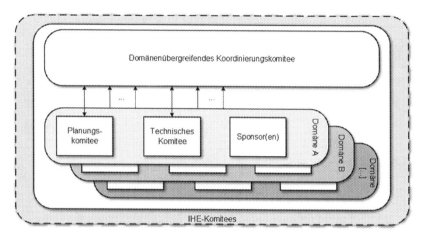

Abb. 2.1 IHE-Domänenkomitees

2.2 Technical Frameworks

Grundlage einer jeden IHE-Domäne ist das technische Rahmenwerk („Technical Framework"). Es besteht aus den final verabschiedeten anwendungsfallorientierten Integrationsprofilen und beschreibt damit alle technischen Details, die zur Implementierung dieser Profile notwendig sind. Mithilfe des Technical Frameworks implementieren die Hersteller dann die IHE-„Funktionalitäten" in ihrer Software.

Die Frameworks werden in Bänden (sogenannten „Volumes") veröffentlicht. Dabei beschreibt der erste Band die Use Cases mit allen notwendigen Akteuren[2] inklusive der Konformitätsanforderungen (das, was der Hersteller leisten muss, um die Anforderungen des jeweiligen IHE Profils zu erfüllen). Die weiteren Bände beschreiben dann genau, wie und welche Transaktionen zu implementieren sind, damit die Konformitätsanforderung von Band 1 erfüllt werden kann. Nationale bzw. regionale Anpassungen werden immer im letzten Band des Rahmenwerks, als Erweiterung (sogenannte „national extensions") beschrieben (IHE International Wiki – Frameworks, 2022).

---

[2] IHE-Akteure: Gemeint sind hier abstrakte Akteure. Sie sind verantwortlich für die Erstellung, das Verwalten und das Agieren mit Informationen im Kontext von IHE-Profilen. (IHE International Wiki – Actors, 2023).

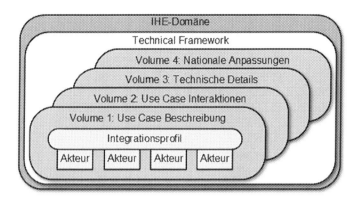

Abb. 2.2 Technical Frameworks nach. (IHE International Wiki – Profiles, 2022)

Abb. 2.2 zeigt beispielhaft den Aufbau des Technical Frameworks einer beliebigen Domäne.

Die Technical Frameworks unterliegen einem regelmäßigen Review-Prozess. Über Change Proposals können Anwender:innen und Hersteller Änderungen oder Ergänzungen beantragen. Diese resultieren oft aus Erfahrungen der Implementierung der Profile in der Praxis, aus Erfahrung beim Testen während des Connect-athons, oder beim Übertragen auf nationale Gegebenheiten/Anforderungen. Dabei werden auch Fehler behoben und ggf. neue Integrationsprofile aufgenommen. (IHE Deutschland e. V. – Frameworks, 2022) Der Change-Proposal-Prozess ist standardisiert und verlangt die Beinhaltung folgender Punkte (IHE International Wiki – Category:CPs, 2022):

- Problembeschreibung,
- Beschreibung, warum die Änderung notwendig ist,
- vorgeschlagene Lösung oder Herangehensweise an das Problem,
- genaue Auflistung aller zu überarbeitenden Teile des Technical Frameworks oder dessen Erweiterung.

2.3 Integrationsprofile – Jetzt wird's konkret!

Schauen wir zurück auf unser Beispiel des radiologischen Workflows aus Abschn. 1.2, wo wir bereits feststellen konnten, dass innerhalb dieses klinischen

Datenprozesses eine ganze Reihe von Interaktionen involviert sind, die dann in Integrationsprofilen zusammengestellt werden. Es sollen so möglichst exakt (und möglichst praxisnah) alle Teilaspekte des klinischen Ablaufes berücksichtigt werden und gleichzeitig soll das Profil möglichst universell einsetzbar sein. Als Ergebnis der Profil-basierten Implementierung sollten die richtigen Daten, zum richtigen Zeitpunkt, semantisch korrekt dem klinischen Personal zur Verfügung gestellt werden können.

Bevor wir uns ein Integrationsprofil etwas näher anschauen, wollen wir kurz darauf eingehen, was ein Integrationsprofil überhaupt ist: IHE-Profile bzw. - Integrationsprofile (beides wird in der Regel synonym verwendet) beschreiben wie ein spezieller medizinischer Anwendungsfall mittels abstrakter Akteure dargestellt werden kann. Die durch diesen Anwendungsfall ermittelten klinischen und ablaufbedingten Probleme werden domänenspezifisch identifiziert und deren Lösung innerhalb der Profile festgehalten. (IHE International Wiki – Profiles, 2022).

IHE unterscheidet verschiedene Reifegrade der Profile (IHE International Wiki – Profiles, 2022):

- Final Text (FT): Stabile Version (kann implementiert werden)
- Trial Implementation (TI): Eingefroren als Testversion (weitere Tests sind notwendig)
- Public Comment (PC): neues/geändertes Profil zur Kommentierung (nicht zur Implementierung freigegeben)
- Draft Supplement: noch nicht für PC zur Kommentierung freigegeben
- Deprecated/Retired: nicht mehr von IHE unterstützt und empfohlen (dafür gibt es dann neuere, bessere Profile)

Die Anzahl der finalen Profile variiert sehr stark zwischen den Domänen. Während es bei jüngeren Domänen wie die der Zahnheilkunde, Endoskopie oder auch Pharmazie, zum Zeitpunkt der Erstellung dieses Buches, noch kein Integrationsprofil den finalen Status erreichen konnte, bieten ältere Domänen – wie die der Radiologie oder der IT-Infrastruktur – schon 23 bzw. 26 finale IHE-Profile in ihrem Technical Framework an (IHE International Wiki – Profiles, 2022). Einige davon werden sogar auf EU-Ebene zur Umsetzung offiziell empfohlen (Die Europäische Kommission, 2015).

Hands-on Integration Profiles – Patient Administration Management (PAM)
Wir haben gelernt, wie die Begriffe Domäne, Technical Framework und IHE-Profil
bzw. Integrationsprofil zueinander in Beziehung stehen. In diesem Absatz wollen
wir am Beispiel des PAM-Profils einen Blick „unter die Haube" von IHE werfen.

Bei dem PAM-Profil dreht sich alles um das Management von Patienten- und
Bewegungsdaten. Etwas präziser formuliert ist damit die Übertragung und Interpretation von ambulanten und stationären Patientenstamm- und Bewegungsdaten (auch
Besuchsdaten genannt) zu einem oder mehreren Abteilungssystemen gemeint. Wird
während des Aufnahmeprozesses die elektronische Gesundheitskarte eines Patienten im KIS eingelesen, so werden die daraus resultierenden Patientenstammdaten
im KIS gespeichert (vgl. Abschn. 1.2). Die Bewegungsdaten entstehen während
des gesamten klinischen Aufenthaltes eines Patienten. Dieser Aufenthalt beginnt
oft mit der Anamnese des Patienten im Anschluss an die administrative Aufnahme,
an die sich Diagnoseaktivitäten (z. B. in der Radiologieabteilung) und Therapie-
prozesse anschließen. Der stationäre Aufenthalt des Patienten wird oft auch von
Fachrichtungs-, Stations- oder auch Bettenwechseln (sog. Verlegungen) begleitet
und endet mit der Entlassung bzw. nachstationären Behandlung. Alle in diesen Pro-
zessschritten generierten Daten werden im führenden System (meistens das KIS als
Akteur „Patient Demographics Source" bzw. „Patient Encouter Supplier") dokumentiert und gespeichert. Die Kommunikation bzw. Datenübertragung sollte sich
an dem im IHE-Integrationsprofil festgelegten Standards orientieren. Beim Beispiel
PAM handelt es sich dabei um HL7 v.2.5. Dieser Standard ermöglicht eine Datenübertragung zu allen angeschlossenen Abteilungssystemen (z. B. RIS, PACS, LIS
aber auch an das Küchensystem usw.) wie in Abb. 2.3 zu sehen ist.

Neben der Anlage von Patientendaten beschreibt das Profil auch das Ändern
und Zusammenführen von Patientendaten (genaugenommen erzwingt das Profil
das sogar durch die Optionen „Link" oder „Merge"). Das Zusammenführen von
Patientendaten wird meistens von Mitarbeitern des Patienten-Managements im KIS
durchgeführt, wenn es zu einer Duplizierung eines Patienten kam. Nutzen beide
Kommunikationspartner die Option „Merge", so wird vom sendenden System die
aktive und die inaktive Patientennummer an das empfangende System übermit-
telt. Bei der Option „Link" werden die Daten zu den beiden Patienten miteinander
verknüpft und diese Information dem Empfangssystem mitgeteilt. Um Probleme
damit zu vermeiden, müssen alle Systeme die gleiche Option unterstützen. (IHE
Publications – Patient Administration Management (PAM), 2023)

Bei den Bewegungsdaten wird zusätzlich auch das Übertragen von Stornie-
rungen abgebildet. Eine Stornierung von Besuchsdaten wird notwendig, wenn
eine Untersuchung z. B. irrtümlich angelegt wurde und der dafür notwendige
Besuch (z. B. in der Radiologie) abgesagt werden muss. Im PAM-Integrationsprofil

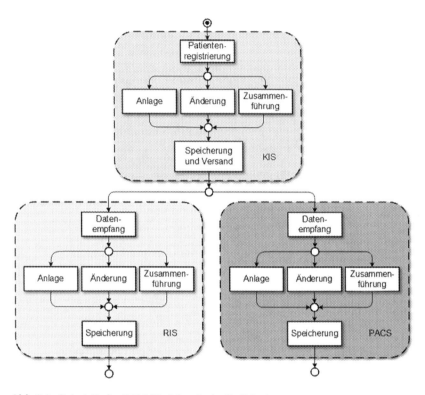

Abb. 2.3   Beispielhafter PAM-Workflow in der Radiologie

sind auch die konkreten technischen Vorgaben (Akteure und Transaktionen), die die IT-Hersteller bzw. deren Programmierende 1:1 nutzen sollten, um einen zum Profil konformen, interoperablen Austausch von Patienten- und Bewegungsdaten zwischen verschiedenen medizinischen Abteilungssystemen zu ermöglichen.

Gut zu wissen: HL7 ADT
Aufgrund der Notwendigkeit verschiedenartige medizinische Systeme miteinander zu verbinden, wurde 1987 der (internationale) Kommunikationsstandard HL7 („Health Level Seven") v1.0 als Ableitung von der

American Society for Testing and Materials (ASTM International) von der gleichnamigen Organisation entwickelt. Der Standard legt die Syntax und Semantik von übertragenden Informationen in einem sehr einfachen nachrichtenbasierten Format fest. Schon kurz danach wurde eine Überarbeitung herausgegeben, die heute als Familie von Versionen ("v2.x") bekannt ist. HL7 v2.x unterstützt verschiedene Nachrichtentypen, die sich in Segmente und Felder unterteilen. Der Austausch von Patientenstamm- und Aufenthaltsdaten wird durch den Nachrichtentyp ADT – für Admission, Discharge and Transfer repräsentiert (Kramme, Informationsmanagement und Kommunikation in der Medizin, 2017).

In der Praxis wird die ADT-Datenübertragung in vielen Klinken nur teilweise oder völlig ohne das PAM-Profil abgebildet. Dabei werden meistens HL7 v2.x-Nachrichten zwischen den Systemen ausgetauscht. Dieses Vorgehen ist meistens historisch begründet, da es früher noch keine dedizierten Vorgaben gab und die Hersteller den Standard frei interpretiert und umgesetzt haben, wodurch es zu semantischen Abweichungen kommt. Deshalb wird in der Praxis oft ein Kommunikationsserver in die Übertragung der Daten zwischen den Informationssystemen geschaltet.

2.4 Handbücher und Whitepaper

Neben den Technical Frameworks verwaltet IHE International eine Reihe von anwendungsnahen Handbüchern, die spezielle Implementierungsthemen aus verschiedenen Domänen beschreiben. Aktuelle Themen sind beispielsweise das Handbuch „Document Sharing Metadata". Neben der Erläuterung, wie man Dokument-Metadaten benutzen und definieren sollte, beschreibt das Handbuch, wie man Metadaten, zwischen IT-Systemen von Gesundheitsdienstleistern möglichst nahtlos unter Zuhilfenahme der Profile Cross-Enterprise Document Sharing (XDS) und Cross-Community Access (XCA), austauschen kann (IHE International – IHE Handbook: Document Sharing Metadata, 2023). Das Handbuch steht in enger Verbindung mit einem White Paper – ebenfalls von IHE herausgegeben – es heißt „Enabling Document Sharing Health Information Exchange Using IHE Profiles". Es zeigt, wie die IHE HL7 CDA-basierten Profile XDS und XCA gemeinsam mit den HL7 FHIR®[3]-basierten Profilen „Profile Mobile access to

---

[3] HL7 FHIR® – Fast Healthcare Interoperability Resources.

Health Documents (MHD)" und „Mobile Health Document Sharing (MHDS)"
genutzt werden können (IHE International – IHE White Paper, 2021).
Auch in den länderspezifischen IHE-Organisationen gibt es solche Handbü-
cher. So hat beispielsweise IHE Deutschland e. V. das IHE Cookbook veröffentlicht. Es beschreibt die nationalen Anpassungen (sog. „National Extensions")
in Hinblick auf die „Aktenbasierte einrichtungsübergreifende Bild- und Befund-
kommunikation" und zielt dabei vorwiegend auf dokumentenbasierte Profile der
Infrastrukturdomäne wie XDS und XCA ab. Das Handbuch richtet sich als prakti-
scher Leitfaden an Anwender:innen und Betreiber von eHealth-Umgebungen (im
Sinne von IHE XDS Affinity Domain[4]) sowie an Hersteller von medizinischen IT-
Systemen und konzentriert sich auf die „einrichtungsübergreifende elektronische
Patientenakte, die persönliche einrichtungsübergreifende elektronische Patienten-
akte und die fallbezogene einrichtungsübergreifende elektronische Patientenakte".
(IHE Deutschland e. V. – IHE Cookbook, 2016)
Ein weiteres Projekt von IHE Deutschland e. V., das in enger Verbindung mit
dem IHE Cookbook zu sehen ist, sind die IHE „Value Sets für Aktenprojekte
im deutschen Gesundheitswesen". In dem Implementierungsleitfaden werden seit
2016 landesspezifische Value Sets für Metadaten in XD*-basierten eHealth-
Projekten definiert und gepflegt. Ziel ist die Vereinfachung und Vereinheitlichung
des Dokumentenaustausches zwischen verschiedenen Affinity Domains (auch
überregional). Die aktuelle Version 3 beinhaltete neben Anpassungen für die
gematik ePA[5] auch die Anpassung für FHIR® Value Sets und die Klinische
Dokumentenklassenliste (KDL) des DVMD[6]. Das Projekt erfährt weiterhin regel-
mäßige Updates und Erweiterungen. (IHE Deutschland e. V. – IHE Value Sets,
2021)

---

[4] Begriff der Infrastrukturdomäne: Er umfasst eine Gruppe von zusammenarbeitenden
Gesundheitsdienstleistern, die unter Nutzung gemeinsamer Infrastruktur und gemeinsamer
Richtlinien zusammenarbeiten (IHE International – Cross-Enterprise Document Sharing
(XDS.b), 2022).

[5] ePA – elektronische Patientenakte.

[6] DVMD – Fachverband für Dokumentation und Informationsmanagement in der Medizin.

Arbeitsweise von IHE 3

3.1 Vom Anwendungsfall zur interoperablen Lösung

Im vorherigen Kapitel haben wir gelernt, was sich hinter den IHE-spezifischen Begriffen verbirgt und wie diese zusammenhängen. Wir haben ebenfalls gesehen, dass die für die Praxis relevanten Technical Frameworks und die dort enthalten Integrationsprofile von domänenspezifischen Planungs- und technischen Komitees auf internationaler Ebene definiert und festgelegt werden und über die nationalen Deployment-Komitees (in Deutschland = IHE Deutschland e. V.) an nationale Besonderheiten angepasst werden. Aber wie schafft es IHE, dass die Beschreibung eines klinischen Anwendungsfalls letztendlich zu einer Softwarelösung führt, die dann einen Anwendungsfall möglichst exakt abbildet und dadurch einen reibungslosen Ablauf zwischen IT-Systemen ermöglicht?

Zur Beantwortung dieser Frage schauen wir erneut kurz zurück auf die Vision und die Mission von IHE aus Abschn. 1.3. Zur Umsetzung der Vision und der aus der Mission abgeleiteten Strategien arbeiten Anwender:innen, Hersteller und IHE-Komitees gemeinsam entlang des IHE-Prozesses zusammen. Abb. 3.1 zeigt, wie sich die Zusammenarbeit der Akteure grundlegend in die verschiedenen Phasen einteilen lässt.

Alles beginnt damit, dass durch Anwender:innen Integrationsprobleme festgestellt und in Form von Use Cases als Vorschläge für (neue) Integrationsprofile beschrieben werden. Im Rahmen der Spezifizierung werden nach der formalisierten Problembeschreibung mit abstrahierten Akteuren durch Experten:innen für jedes der Teilprobleme geeignete Standards ausgewählt und die Umsetzung im Technical Framework in Form von genauen technischen Spezifikationen mittels Nachrichten- oder Dokumentenprofilen beschrieben. Diese genauen Beschreibungen werden in Integrationsprofilen zusammengefasst. Hersteller medizinischer

© Der/die Autor(en), exklusiv lizenziert an Springer Fachmedien Wiesbaden GmbH, ein Teil von Springer Nature 2023
M. Kuper et al., *Integrating the Healthcare Enterprise (IHE) – Eine Einführung*, essentials, https://doi.org/10.1007/978-3-658-42810-5_3

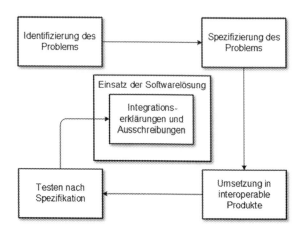

Abb. 3.1 Phasen der Zusammenarbeit bei IHE. (IHE International – FAQ: How does IHE work, 2023)

Lösungen implementieren diese Integrationsprofile und testen sie vorab mit speziellen Testmanagementwerkzeugen. Auf dem anschließenden IHE Connect-a-thon (siehe Abschn. 4.1) testen sie die Umsetzung ihrer Lösung im Zusammenspiel mit anderen Herstellern. Durch die Veröffentlichung von Integration Statements (siehe Abschn. 4.4) zeigen Hersteller, welche Profile sie mit welchen Akteuren unterstützen. Diese Ergebnisse können auch in einer sogenannten Product Registry hinterlegt werden. Anwender:innen können dann direkt darin nach passenden Systemen suchen oder in ihren Ausschreibungen auf die Statements verweisen. (IHE International – FAQ: How does IHE work, 2023)

3.1.1 Arbeitsweise der Komitees

Bevor wir uns genauer anschauen, wie ein Profil entsteht, wollen wir einen Blick auf die Arbeitsweise der Domänenkomitees werfen. Diese sind auf internationaler Ebene verankert (s. Abb. 1.4). Die Arbeit der Planungs- und technischen Komitees ist entweder durch einen jährlichen oder einen kontinuierlichen Zyklus bestimmt (s. Abb. 3.2).

Arbeitet eine Domäne nach dem **jährlichen Muster,** so ist das Jahr in drei fünftägige persönliche Arbeitstreffen (in der ersten Jahreshälfte) und zwei zweitägige Sitzungen (in der zweiten Jahreshälfte) geteilt. Neue Profilvorschläge

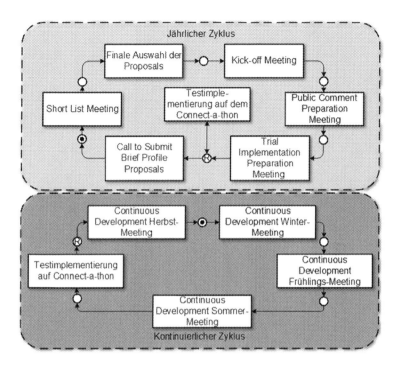

Abb. 3.2 IHE-Entwicklungs-zyklen: Jährlicher vs. kontinuier-licher Zyklus

müssen in diesem Rhythmus im Herbst erbracht werden. Daraus bedingt sich, dass ein Planungskomitee drei Monate arbeitet und anschließend die restlichen neun Monate das technische Komitee mit der Entwicklung der Profile beschäftigt ist. Nach diesem Zyklus arbeiten z. B. die Domänen Radiologie, Onkologie und Kardiologie.

Domänen, die in einem **kontinuierlichen Rhythmus** arbeiten, verteilen die Ausschussarbeit gleichmäßig über das Jahr, auf vier fünftägige Arbeitstreffen. Ein Teil jedes Meetings wird der Prüfung und Priorisierung von Profilvorschlägen und der Rest der Ausschusstagung ist den technischen Aspekten gewidmet. Der Unterschied zur jährlichen Vorgehensweise besteht darin, dass sich die anstehenden Aufgaben jeweils in unterschiedlichen Profilphasen befinden können. Ein kontinuierlicher Entwicklungszyklus ermöglicht, dass neue Profilvorschläge viermal im Jahr beginnen können, anstatt nur einmal pro Jahr im Herbst – wie es bei dem jährlichen Arbeitsmodell der Fall ist. Nach dem kontinuierlichen Zyklus arbeiten

z. B. die Domänen Infrastruktur, einrichtungsübergreifende Behandlungsketten und die Domäne Quality, Research and Public Health.

Bei dem jährlichen Zyklus unterliegen die Profilprojekte oft diversen Größen- und Zeitbeschränkungen. Das kann z. B. dazu führen, dass die Freigabe über Teilprofile in einem Jahr erfolgen muss, um dann erst im darauffolgenden Jahr das vollständige Profil zu veröffentlichen. Bei dem kontinuierlichen Prozess arbeiten beide Ausschüsse gemeinsam über das ganze Jahr verteilt. Das Technical Framework der Domäne wird in beiden Zyklen einmal pro Jahr aktualisiert und veröffentlicht. (IHE International Wiki – Continuous Development Process, 2023)

3.1.2 Vorschlagsprozess

Damit wir verstehen, wie es IHE schafft, von einem Anwendungsfall zu einem implementierbaren Integrationsprofil zu gelangen, müssen wir uns den IHE-Prozess mithilfe des sogenannten Vorschlagsprozesses (s. Abb. 3.3) etwas genauer anschauen.

Alles beginnt mit dem sogenannten „Call for Profile Proposals" durch das Sekretariat der Domäne (mindestens 30 Tage vor der Deadline). Damit werden regionale und nationale IHE-Initiativen angesprochen ihre Vorschläge einzureichen. Potenzielle Profilautor:innen (klinische Anwender:innen und IT-Experten:innen) können daraufhin ihre Vorschläge, über ein sogenanntes „Brief Proposal", per Mail an die Mailing-Liste des übergeordneten Planungskomitees der entsprechenden Domäne einreichen. Das Brief Proposal muss die folgenden Punkte enthalten:

- Die Problembeschreibung und den praktischen Anwendungsfall
- Wie ist der Sollzustand in der Praxis?
- Wer ist der:die potenzielle Profilautor:in?
- Wenn möglich:
  - ist der dahinterliegende Geschäftsfall und
  - es sind Hinweise zum Aufwand der Problemlösung anzugeben.

Arbeitet die Domäne nach dem jährlichen Zyklus, müssen die Brief Proposals – für den laufenden Zyklus – meist bis Anfang August eingereicht werden. Beim Herbstmeeting (z. B. etwa Mitte September) werden durch das Planungskomitee aus den eingegangenen Brief Proposals die Kandidaten für die sogenannte „Short List"[1] ermittelt. Alle Profile dieser Auswahl sollen im nächsten Schritt durch

---

[1] Liste der zu entwickelnden bzw. zu überarbeitenden Profile.

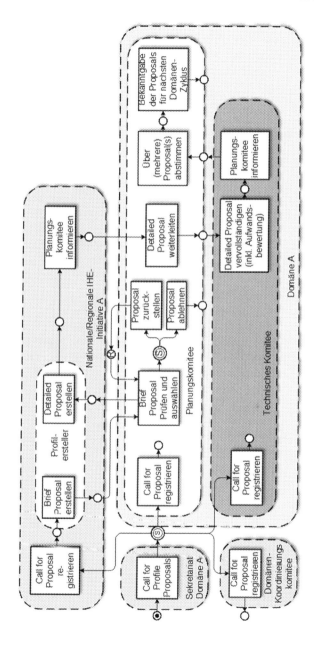

Abb. 3.3 Der IHE-Vorschlags-Prozess. (IHE International Wiki – Profile Proposal Process, 2023)

die Autor:innen detaillierter beschrieben werden. Auch dieses Proposal unterliegt gewissen Vorgaben, die von IHE über Templates abgebildet werden. Autor:innen können zwischen „Detailed Proposal" oder „Delta Proposal" wählen. Enthalten sein sollten diese Informationen:

- Eine detaillierte Beschreibung des Anwendungsfalls, sowie des gewünschten Verhaltens,
- Details zu den relevanten verwendeten Standards,
- ein erster Vorschlag was die Erweiterung enthalten könnte (neues Profil, neue Transaktionen oder neue Akteure),
- mögliche Risiken der Erweiterung.
- Wenn möglich, sollte der Geschäftsfall zur Lösung des Problems beschrieben werden.

Es besteht die Möglichkeit gute Vorschläge, die noch nicht ausgereift genug sind bzw. deren Entwicklungsaufwand zu groß ist, zurückzustellen (über das sog. „Backlog"). Im nächsten Jahr werden diese Vorschläge dann erneut begutachtet. (IHE International Wiki – Profile Proposal Process, 2023)

Im jährlichen Zyklus haben die Autor:innen zur Erstellung des Detailed/Delta Proposals etwa zwei Wochen Zeit. Bis Ende September sollten dem Planungs-komitee alle detaillierten Vorschläge vorliegen. Diese werden an das technische Komitee weitergereicht, das dann wiederum zwei Wochen Zeit hat, um die Vor-schläge auf Machbarkeit zu untersuchen und den Implementierungsaufwand zu abzuschätzen. Folgende Fragen sind dabei zu klären:

- Wer ist der:die potenzielle Redakteur:in?
- Was sind die potenziellen Entwicklungsressourcen und Informationsquellen (Wer schreibt mit und wer sagt wie es funktionieren soll)?
- Was sind die Empfehlungen und Erläuterungen zum Umfang des Profils?
- Wie groß ist der Aufwand der Profilentwicklung und der Pflege des Technical Frameworks?
- Beantwortung der Fragen des Planungskomitees.

In der zweiten Herbstsitzung des jeweiligen Zyklus – meist Ende Oktober – stim-men das Planungs- und das technische Komitee gemeinsam im Konsensverfahren über die im nächsten Zyklus zu bearbeitenden Vorschläge ab und verkünden anschließend das Ergebnis. (IHE International Wiki – Profile Proposal Process, 2023)

3.1.3 Auswahl der richtigen Standards

Nach der Auswahlsitzung der Ausschüsse beginnt – bei jährlichem Zyklus – die Arbeit des technischen Komitees. Die Profilvorschläge werden jetzt dahingehend untersucht, welche Standards sich am besten zur Implementierung des Profils eignen. Dieser Prozess erfolgt in drei Schritten: Erkundung, Bewertung und Auswahl.

Die Erkundung und Bewertung sollte alle geeigneten Standards beinhalten, besonders sollten aber die während der Ausarbeitung des Profilvorschlags identifizierten Standards Berücksichtigung finden. Das technische Komitee untersucht die potenziellen Standard-Kandidaten nach diesen Kriterien:

- Wie ist der Veröffentlichungsstatus der Standards (ist er bereits genehmigt oder wird er bis zur potenziellen Fertigstellung des Profils genehmigt)?
- Eignet sich der Standard zur Abbildung der beschriebenen Funktion des Anwendungsfalls?
- Wie kompatibel sind die ausgewählten Standards, d. h. passen diese zu den Standards anderer IHE-Profile?
- Werden die ausgewählten Standards bereits praktisch verwendet?
- Wie verbreitet sind die gewählten Standards (sind Implementierungen bereits ausreichend verfügbar?)
- Welche Hindernisse gibt es, wenn der Standard eingesetzt wird (sind zum Beispiel teure Lizenzen fällig)?

3.1.4 Konsensfindung

Die Auswahl der Standards erfolgt durch das technische Komitee, in der Regel auf Basis der Konsensfindung. Eine formale Abstimmung wird nur bei Bedarf eingesetzt. (IHE International Wiki – Standards Selection Process, 2023)

3.1.5 Profilentwicklungsprozess

Wie bei fast allen offiziellen IHE-Dokumenten ist auch die Erstellung bzw. die Ergänzung/Erweiterung (das sog. „supplement") eines Profils durch ein Template formalisiert. Der:Die Profilautor:in nutzt die Vorlage, um im ersten Schritt ein Profilgerüst zu erstellen, das im weiteren Verlauf des Zyklus weiter verfeinert wird. Im jährlichen Modell führt der Prozess vom „Proposal-" zum „Trial

Implementation"-Status über mindestens drei Ausschusssitzungen des technischen Domänenkomitees: (IHE International Wiki – Profile Development Process for First Timers, 2023)

1. **Kick-off Meeting (Anfang November):** Das Meeting dient dazu, dem technischen Domänenkomitee die Profilidee vorzustellen. Der:Die Autor:in führt den Ausschuss durch den Profilentwurf und dieser kommentiert den Inhalt des Dokumentes und präzisiert fehlende Anwendungsdetails.
2. **Public Comment Preparation Meeting (im Januar):** Ziel dieses Meetings ist die Veröffentlichung einer Version, die im nächsten Schritt zur öffentlichen Kommentierung freigegeben werden kann. Als Vorbereitung sollten alle Teile des Profils fertig geschrieben und die zu klärenden Punkte im Abschnitt „Offene Punkte" beschrieben worden sein. In der nachfolgenden Kommentierungsphase wird das Profil bzw. die Ergänzung des Technical Frameworks den beteiligten Experten für mindestens 30 Tage zur Verfügung gestellt. Damit soll zum einen größtmögliche Transparenz, als auch die bestmögliche Qualität erreicht werden. In der Regel werden die zur Kommentierung relevanten Dokumentationsspezialisten dazu vom technischen Komitee per E-Mail benachrichtigt. Nach der offiziellen Kommentierungsfrist werden die durch die IHE-Community eingereichten Kommentare durch das technische Komitee beantwortet. Der:Die Profilautor:in überarbeitet abschließend das Dokument und das technische Komitee prüft diese Version erneut. (IHE International Wiki – Public Comment Process, 2023)
3. **Trial Implementation Preparation Meeting (Ende März/Anfang April):** Ziel dieses letzten Meetings ist es, eine Profilversion zu erhalten, die im „Trial Implementation"-Status veröffentlicht werden kann. Nach der Betrachtung aller Details aus der Kommentierungsphase stimmt das technische Komitee darüber ab, ob das Profil in diesen Status versetzt werden kann.

Profile, die den Status „Trial Implementation" erreicht haben, sind für Tests auf dem Connect-a-thon (s. Kap. 4) freigegeben. Die dort gewonnenen Erkenntnisse führen zur Überarbeitung des Trial-Profils. Ein Profil muss mitunter mehrere solcher Zyklen im Trial-Status absolvieren, bevor das technische Domänenkomitee davon überzeugt ist, dass es als Kandidat für den Status „Final Text" ausgewählt werden kann. (IHE International Wiki – Final Text Process, 2023)

Den gesamten Prozess – also von der Aufforderung zur Einreichung von Profilvorschlägen (Call for Proposals) bis zum Test des Integrationsprofils beim Connect-a-thon – führt IHE unter dem Namen „IHE Publication Process for

New Supplements". (IHE International Wiki – IHE Publication Process for New Supplements, 2023)

3.2 Weiterbildung und Schulung

IHE bietet eine große Menge von Informationsressourcen an, sodass Hersteller und Anwender:innen von Informationssystemen im Gesundheitswesen möglichst effizient auf diese Informationen zugreifen können. Grundlegend werden bei IHE zwei Bereiche voneinander unterschieden (IHE International – Education, 2023)

3.2.1 IHE Certified Professional Program

Das IHE Certified Professional Program (IHE-CPP) wurde entwickelt, um Interessierten die Möglichkeit zu geben, ihr Wissen in Bezug auf IHE überprüfen zu lassen. Das dem Programm zugrunde liegende Schema basiert auf der Konformitätsbewertung nach ISO/IEC 17024. Dieses Schema wird vom IHE-Ausbildungskomitee auf der Ebene von IHE International administriert, verwaltet und überprüft.

Das Komitee existiert seit 2018 und hat die folgenden Aufgaben: (IHE International Wiki – IHE Education Committee, 2023)

1. Beaufsichtigung der Organisation von Bildungsaktivitäten (z. B. Webinare die von Domänenkomitees durchgeführt werden)
2. Koordinierung von Bildungsaktivitäten und -materialien durch die nationalen IHE-Einsatzkomitees über ein Forum für die Planung und Entwicklung von Richtlinien sowie die Erleichterung des Austauschs dieser Materialien.
3. Überprüfung, Kommentierung und Genehmigung zur Nutzung des für das IHE Certified Professional (IHE-CP) entwickelten Zertifizierungsprogramms. Das beinhaltet zum einen z. B. die Erstellung des Lehrplans, der Prüfungsmaterialien und Zertifizierungszeichen sowie die Festlegung der entsprechenden Prozesse. Zum anderen bedeutet es auch die Förderung von Schulungsveranstaltungen und Zertifizierungsprüfungen.

Besonders die unter Punkt 3 genannten Aufgaben erfüllt eine spezielle Untergruppe des Schulungskomitees, die sog. Prüfungsuntergruppe. Abb. 3.4 zeigt, wie der Prozess nach dem IHE-CPP-Schema allgemein abläuft.

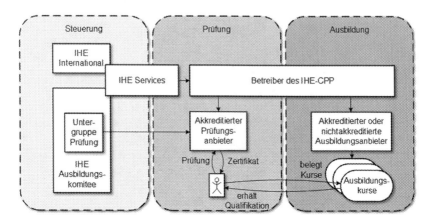

Abb. 3.4 IHE-Ausbildungsprozess des IHE Certified Professional Program. (IHE International – IHE CPP, 2023)

Zur Vorbereitung auf die Prüfungen zur Erlangung eines speziellen IHE-Zertifikates kann man entweder den Weg des Selbststudiums wählen, oder sich über Kurse eines akkreditieren CPP-Anbieters ausbilden lassen. Je nach gewünschter Zertifizierung sind unterschiedlich lange Prüfungen zu absolvieren. Die Basisprüfung zum „IHE Certified Professional – IHE Foundations" erfolgt z. B. über eine 60-minütige Multiple-Choice-Prüfung über 40 Fragen. Wird die Prüfung bestanden, erhält man ein Zertifikat mit fünfjähriger Gültigkeit. (IHE International – IHE CPP, 2023)

3.2.2 Webinare und IHE

In regelmäßigen Abständen bietet IHE – im Rahmen der Reihe „Inside IHE" – Webinare an, um die Community über aktuelle Aktivitäten in den einzelnen Domänen zu informieren. Im Fokus stehen neben Entwicklern spezieller IHE-Profile auch Interessierte, die sich über IHE-Lösungen im Speziellen und Interoperabilität im Allgemeinen informieren möchten. Die Webinare werden von führenden Experten der jeweiligen Domänen präsentiert. In der Regel ist vor dem Webinar eine Anmeldung notwendig – oft wird jedoch im Anschluss an das Webinar der Vortrag in Form eines Videos auf der Webseite verfügbar gemacht. In den vergangenen Jahren ist durch die Webinare – und die resultierenden Aufzeichnungen dieser – eine große Wissensbasis zu IHE-Detailwissen entstanden, die über die IHE international Seite[2] frei zur Verfügung steht und zur Information sowie zur Aus- und Weiterbildung genutzt werden kann. (IHE International – Inside IHE Webinars, 2023)

---

[2] https://www.ihe.net/education/webinars/

Connect-a-thon und Zertifizierungen

4

4.1 Überblick

Die zentrale Veranstaltung im Jahreskalender von IHE ist der sogenannte Connect-a-thon – ein Kunstwort, das als sehr bezeichnend für die Aktivitäten und Bestrebungen von IHE zu verstehen ist. Zum einen steht es sinnbildlich für das Verbinden mehrerer Daten-Pools[1] innerhalb einer Kommunikationsarchitektur – sicher die zentrale Fragestellung eines jeden Integrationsproblems.

Connect-a-thon = Connect + a + t(h)on

Zum anderen geht es darum, Hersteller medizinischer Software eine Plattform zu bieten, um ihre Produkte in einer Art Test-Marathon gemeinsam mit Fachkollegen anderer Hersteller zu erproben und weiterführend eventuell auch über das Conformity Assessment von IHE International nach ISO/CEI 17025-Standard zertifizieren zu lassen. (IHE International – Conformity Assessment, 2022)

Connect-a-thon = Connectivity + Marathon

Betrachtet man die Veranstaltung oberflächlich bzw. rein äußerlich, dann ist eine gewisse Analogie zu einer LAN-Party[2] sicher nicht von der Hand zu weisen. Auch wenn man die Wichtigkeit des Gemeinschaftsaspektes innerhalb dieser Veranstaltungsreihe keinesfalls unterschätzen sollte, so ist das Ziel des Connect-a-thons doch ein anderes – durch gerichtetes Testen und Bestätigung dem Markt

---

[1] Gerne in der Informatik als Datentonne dargestellt.

[2] Veranstaltung, bei der Computer zum Zwecke des kollektiven Computerspielens über ein lokales Netzwerk (LAN – Local Area Network) zusammengeschlossen werden.

© Der/die Autor(en), exklusiv lizenziert an Springer Fachmedien Wiesbaden GmbH, ein Teil von Springer Nature 2023
M. Kuper et al., *Integrating the Healthcare Enterprise (IHE) – Eine Einführung*, essentials, https://doi.org/10.1007/978-3-658-42810-5_4

leichter integrierbare, interoperable medizinische Softwarelösungen zugänglich zu machen. Es wird den teilnehmenden Unternehmen ermöglicht, ihre Software entlang eines vorher abgestimmten Anwendungsfalls (IHE-Integrationsprofil), unter definierten strukturierten und präzisen Bedingungen, gemäß den Richtlinien der entsprechenden Spezifikation (Technical Framework) zu erproben und bewerten zu lassen. Das Ganze geschieht unter Aufsicht speziell geschulter und unabhängiger Schiedsrichter:innen, den Connect-a-thon „Monitors". Diese technischen Mitarbeiter:innen beaufsichtigen und helfen während des Versuchsaufbaus und verifizieren und bewerten anschließend die Testergebnisse. (IHE Europe – Whitepaper on Connectathon, 2019)

4.2   Wo findet der Connect-a-thon statt?

Der Connect-a-thon wird jeweils von den drei übergreifenden IHE-Organisationen (Asia, Europe und North America) in der Regel jährlich organisiert und veranstaltet.

Der europäische Connect-a-thon wird seit dem Jahr 2001 veranstaltet und fand seitdem in vielen europäischen Mitgliedsländern statt. Im Jahr 2020 wurde pandemiebedingt der erste Online-Connect-a-thon veranstaltet. Im Jahr 2022 fand erstmals ein gemeinsamer Connect-a-thon von IHE Europe und IHE USA in Montreux und Atlanta statt. 2023 fand die Veranstaltung in Rennes statt. (IHE Europe – Whitepaper on Connectathon, 2019)

Länderspezifische IHE-Organisatoren (National Deployment Committees) können sich in einem fest definierten Bewerbungszeitraum mit einem geeigneten Konzept (Request for Proposal) mit ihrem präferierten Veranstaltungsort für den Connect-a-thon bewerben. Je nachdem wie viele Bewerbungen für den entsprechenden Connect-a-thon eingehen, entscheidet IHE Europe auf Basis des am besten geeigneten Request for Proposal, wo der nächste Connect-a-thon stattfinden wird. (IHE Europe – Whitepaper on Connectathon, 2019)

4.3   Wie läuft ein Connect-a-thon-Testprozess ab?

Generell ist das Herzstück eines jeden Connect-a-thon-Tests die von IHE selbst entwickelte Testmanagementplattfom Gazelle. Es handelt es sich um eine Test Suite, die aus mehreren Software-Komponenten besteht. Die Beteiligten können mithilfe von Gazelle Konfiguration(en) und Nachrichten austauschen und sich mit Testpartnern verbinden.

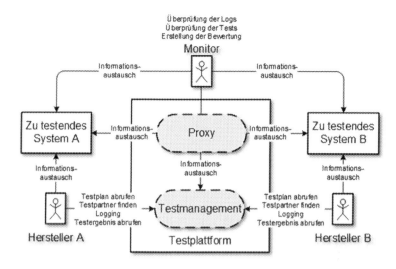

Abb. 4.1 Connect-a-thon Testprozess. (IHE Europe – Whitepaper on Connectathon, 2019)

Gazelle bietet entsprechend dem zu testenden IHE-Profil dem Hersteller eine Liste der zu absolvierenden Tests an und ermöglicht diese durchzuführen. Die Testdurchführung und die dazugehörigen Ergebnisse werden in Log-Dateien aufgezeichnet und können jederzeit abgerufen werden. Die Hersteller können so ihre Testfälle in eigener Geschwindigkeit abarbeiten. Die „Monitors"[3] können jeden der Testfälle einzeln prüfen. Unterstützt werden sie dabei von speziellen Validierungsservices, die ebenfalls Teil der Testplattform sind. Abb. 4.1: Connect-a-thon Testprozess (IHE Europe – Whitepaper on Connectathon, 2019) zeigt diesen Testprozess schematisch[4]. (IHE Europe – Whitepaper on Connectathon, 2019)

---

[3] Monitors sind Domänenexpertinnen und -experten. Sie validieren die Konnektivität, beraten hinsichtlich der Einhaltung der Spezifikation und wissen was zu tun ist, wenn Tests fehlschlagen bzw. Tests korrigiert werden können.

[4] In (Oemig & Snelick, Healthcare Interoperability Standards Compliance Handbook, 2016) finden sich noch detailliertere Ausführungen zu möglichen Testverfahren.

4.4   Was passiert mit dem Ergebnis?

Schafft es ein Hersteller alle Testfälle des entsprechenden IHE-Integrationsprofils erfolgreich mit mindestens drei verschiedenen Herstellern zu absolvieren und konnten alle Testergebnisse (Logs) von dem zuständigen neutralen Monitor validiert werden, so wird das Softwareprodukt dieses Herstellers in die Connectathon Results Matrix[5] aufgenommen. In dieser Ergebnis-Matrix veröffentlicht IHE alle vom Hersteller erfolgreich getesteten IHE-Integrationsprofile mit den verwendeten Akteuren und Optionen. Schafft ein Hersteller es nicht die zu absolvierenden Testfälle des IHE-Profils erfolgreich zu testen, so kann er dies beim nächsten Connect-a-thon problemlos erneut versuchen. IHE veröffentlicht keine Informationen über Fehlversuche einzelner Hersteller.

Darüber hinaus gibt IHE den Herstellern die Möglichkeit über ein sogenanntes IHE Integration Statement eine Absichtserklärung für die von ihren Produkten unterstützten IHE-Profile zu veröffentlichen. Eine erfolgreiche Teilnahme des Anbieters am Connect-a-thon erhöht natürlich die Glaubwürdigkeit der im Integration Statement beschriebenen Konformität, bezogen auf die Einsatzmöglichkeiten des jeweiligen Produktes. Die Veröffentlichung der IHE Integration Statements erfolgt über die IHE Product Registry[6] – eine Web-basierte Datenbank aller verfügbaren Integration Statements. Dort können sich potenzielle Kunden informieren und nach Produkten suchen, die den Anforderungen des gewünschten IHE-Profils genügen. (IHE International – IHE White Paper, 2021)

4.5   Connect-a-thon Week

In den vergangenen Jahren haben sich rund um den Connect-a-thon eine Reihe von Satellitenveranstaltungen etabliert. Diese dienen der Aus- und Weiterbildung sowie der Förderungen des Austausches zwischen den Akteuren des Connect-a-thon und der eHealth-Branche im Allgemeinen. Alle diese Aktivitäten zusammengefasst laufen unter dem Namen Connect-a-thon Week. Um den komplexen Anforderungen, die daraus resultieren, gerecht zu werden, hat IHE Europe eine eigene Koordinierungsstelle eingerichtet, die sogenannte Connect-a-thon Week Coordination Task Force. Diese kümmert sich als zentrale Koordinierungsstelle um den Ablauf und dient als Ansprechpartner für die globalen Akteure und Organisationskomitees.

---

[5] https://connectathon-results.ihe.net/
[6] https://product-registry.ihe.net

4.5.1   IHE Project-a-thon

Neben dem Connect-a-thon gibt es einen weiteren, etwas anders ausgerichteten Testmarathon innerhalb der Connect-a-thon Week. Hierbei stehen nicht die etwas allgemeiner gehaltenen Testpläne eines IHE-Profils im Vordergrund, sondern die eines speziell umzusetzenden Projektes. Diese Anforderungen basieren zwar auf IHE-Profilen, wurden aber auf ein speziell umzusetzendes Interoperabilitätsprojekt abgestimmt. Wie beim Connect-a-thon setzt man auch beim Project-a-thon auf die IHE Testmanagement Suite Gazelle. So gesehen werden bei einem Project-a-thon mehrere Integrationsprofile zu einem Gesamtszenario zusammengesetzt. Ein Beispiel dafür ist die Fallakte. Die Organisation, die für die Leitung des entsprechenden Projektes bestimmt wurde, stimmt die projektspezifischen Testpläne ab und hinterlegt sie in der Testmanagement Suite. Des Weiteren veröffentlicht das leitende Projektgremium die Ergebnisse nach dem Project-a-thon. Die eigentlichen Testsitzungen können dann an IHE delegiert und von den IHE Monitors überwacht und ausgewertet werden. Der Project-a-thon kann eine Art Vorbereitung für jede weitere Konformitätsbewertung, Qualitätssicherung oder auch der Beginn eines Zertifizierungsprozesses sein. (IHE Europe – Projectathon, 2022)

4.5.2   IHE World Summit/IHE-Symposium

Neben den verschiedenen Testaktivitäten findet jedes Jahr auch eine internationale Konferenz zum Thema Interoperabilität in der eHealth-Branche statt. Die IHE World Summit bzw. das IHE-Symposium hat das Ziel, Beteiligte und IHE-Begeisterte weltweit miteinander zu verbinden. Gemeinsam mit führenden Akteuren wird ein Informationsaustausch zu den Themen internationale Standards, Interoperabilität, patientenzentrierte Versorgung und dem elektronischen Gesundheitsdatensatz angeregt. Dabei steht das gemeinsame Lernen aller an der Zukunft des Gesundheitswesens Interessierter im Vordergrund. Damit richtet sich die World Summit auch an Führungskräfte, Entscheider und Systemarchitekten, um sich zu informieren und sich mit führenden Interoperabilitätsexperten auszutauschen. (IHE USA – IHE World Summit, 2022)

4.5.3   mHealth Plug-a-thon

Die von IHE organisierte Veranstaltung richtet sich speziell an Hersteller und
Startups mobiler Anwendungen und Application Programming Interfaces (APIs).
Ziel ist es, die Produkte mit Systemen anderer Hersteller in separaten Test-
Sessions zu verbinden, und im Ergebnis so den Marktwert dieser Lösungen zu
erhöhen. Während der Veranstaltungen werden zum einen Auffrischungsvorträge
zu den medizinischen Übertragungsstandards wie z. B. HL7 v2.x, HL7 FHIR®
und IHE XDS, aber auch Fachvorträge zu aktuellen Profilierungen und Terminologien gegeben. Neben dem Ausbildungs- und Informationsangebot können
die Teilnehmer in den Hands-On-Sessions zeigen, wie sich ihre Lösungen auf
standardisierten Weg mit den Systemen anderer Hersteller verbinden lassen. Der
erste Online-Plug-a-thon fand 2020 im Rahmen des Connect-a-thon in Brüssel
statt. (IHE Europe – Plugathon, 2022; IHE Europe – Flyer Plugathon, 2022)

4.5.4   VIP-Touren

IHE Europe organisiert während des Connect-a-thons geführte Touren durch die
Testhalle. Die Touren werden von führenden Interoperabilitätsexperten durchgeführt. Den Teilnehmern wird dabei erklärt und gezeigt, wie auf dem IHE
Connect-a-thon Interoperabilität und Konformitätstest durchführt werden. Des
Weiteren wird allgemein Wissen über die IHE-Organisation und seine verschiedenen Teilbereiche vermittelt. Ergänzend wird die Funktionsweise der Gazelle
Testmanagementsoftware erläutert und gezeigt. Die Teilnehmer haben die Möglichkeit während der gesamten Tour ihre spezifischen Fragen von den Experten
der Branche beantworten zu lassen. (Unicom Project – What is a VIP Tour, 2022)

4.6   Was kommt nach dem Connect-a-thon?

Hat ein Unternehmen den Connect-a-thon für die ausgewählten IHE Profile
bestanden, so besteht die Möglichkeit sich zusätzlich über das IHE International Conformity Assessment Program nach ISO/IEC 17025 zertifizieren zu lassen.
Das eigens dafür angelegte akkreditierte Testlabor veröffentlicht nach Absolvie-
rung des Tests den Conformity Assessment Report auf der IHE International
Konformitäts-Webseite[7]. (IHE Europe – Whitepaper on Connectathon, 2019)

---

[7] https://conformity.ihe.net/summary-reports

Das Assessment von IHE International basiert auf dem Conformity Assessment Scheme (CAS), was wiederrum aus zwei Teilen bestehet.

- IHE CAS-1 beschreibt die notwendigen Prozesse, um ein nach IHE Conformity Assessment Program arbeitendes und akkreditiertes Testlabor zu etablieren und zu betreiben.
- IHE CAS-2 beschreibt, wie die standardisierten Testfälle zur Überprüfung der Konformität einzelner IHE-Profile aufgebaut sein müssen.

Die Konformität lässt sich nur für einen Teil der angebotenen IHE-Profile zertifizieren. Angeboten werden Zertifizierungen für die folgenden Profile: (IHE International – Product Test Reports, 2022)

- Audit Trail and Node Authentication (ATNA)
- Consistent Time (CT)
- Cross-Community Access (XCA)
- Cross-Community Access for Imaging (XCA-I)
- Cross-Community Patient Discovery (XCPD)
- Cross-Enterprise Document Sharing (XDS.b)
- Cross-Enterprise Document Sharing for Imaging (XDS-I)
- Device Enterprise Communication (DEC)
- Laboratory Analytical Workflow (LAW)
- Patient Administration Management (PAM),
- Patient Demographics Query (PDQ),
- Patient Demographics Query HL7 v3 (PDQV3),
- Patient Identifier Cross-Referencing (PIX)
- Patient Identifier Cross-Referencing HL7 v3 (PIXV3)
- Point-of-Care Infusion Verification (PIV)

Testergebnisse von Testlaboren, die nach diesem Schema akkreditiert sind, finden weltweite Akzeptanz. Hersteller, die diese Zertifizierung erfolgreich absolviert haben, verpflichten sich jedoch ihrer Produkte innerhalb von sechs Monaten dem Markt zur Verfügung zu stellen. (IHE International – Conformity Assessment, 2022)

5.1 Anwenderperspektive

„Using IHE supports the proper flow of information from one system to another, thereby putting the right information in front of the right clinician at the right moment to assure the right treatment. Using IHE helps hospitals and health systems ensure that this right information can be accessible by the right system regardless of location — on the patient care floors, in the operating room, in the emergency department, or securely on a physician's mobile device when outside of the hospital.“ (Samarth, 2013)

Nachdem wir uns von der Historie über den Aufbau, die Arbeitsweise bis hin zu den Domänen und dem Connect-a-thon ein ganzheitliches Bild über die weltweit agierende IHE-Initiative gemacht haben, bleibt noch die Frage offen – wie unterstützt IHE Anwender:innen und Hersteller, interoperable Lösungen zu entwickeln, auszuwählen und einzusetzen? Schauen wir zurück auf den Anfang dieses Buches – im Abschn. 1.1 haben wir uns der zentralen Frage des Gesundheitswesens gestellt – was ist notwendig, damit Systeme in Gesundheitsunternehmen die richtigen Daten zum richtigen Zeitpunkt sicher miteinander austauschen können?

Wie wir in Abschn. 1.2 gesehen haben, durchläuft ein:e Patient:in während des stationären Aufenthaltes mitunter eine größere Anzahl an Abteilungen. Die in diesen Abteilungssystemen erfassten, empfangenen und angezeigten Behandlungsdaten und medizinischen Dokumente können mithilfe von IHE-Integrationsprofilen gestalteten Kommunikationsprozessen helfen:

- Entwicklungskosten zu sparen,
- redundante Dateneingaben zu verhindern,
- Punkt-zu-Punkt-Schnittstellen abzulösen oder zu verhindern,

© Der/die Autor(en), exklusiv lizenziert an Springer Fachmedien Wiesbaden GmbH, ein Teil von Springer Nature 2023
M. Kuper et al., *Integrating the Healthcare Enterprise (IHE) – Eine Einführung*, essentials, https://doi.org/10.1007/978-3-658-42810-5_5

- Manuelle Fehlerkorrekturen verhindern,
- widersprüchliche Interpretationen von Standards reduzieren und
- Ausfälle durch inkonsistente Datenübertragungen verhindern.

Neben dem stationären Sektor kann IHE auch im ambulanten Sektor helfen. Während der Patientenbehandlung bei Hausärzten:innen, Fachärzten:innen oder auch Reha-Einrichtungen ist in vielfältigen Behandlungs- und Pflegesituationen immer wieder ein Datenaustausch zwischen ambulanten Akteuren (z. B. bei der Überweisung und vom Hausarzt zum Facharzt) untereinander, als auch zwischen ambulanten und stationären Akteuren (z. B. bei der Überweisung eines:r Patienten:in in die zentrale klinische Notaufnahme) notwendig. Auch nach einem stationären Aufenthalt (z. B. nach einer Operation) erfolgt in der Regel eine Datenübergabe an eine geeignete Reha-Einrichtung.

Unterstützen die beteiligten Systeme (z. B. das Praxisverwaltungssystem) entsprechende IHE-Integrationsprofile, so kann auch der einrichtungsübergreifende Datenaustausch mithilfe von IHE effizienter gestaltet werden. Entsprechende Integrationsprofile dafür finden sich z. B. in den Domänen Radiologie, IT-Infrastruktur und der Domäne einrichtungsübergreifenden Behandlungsketten (IHE PCC) (Samarth, 2013).

Generell gilt, dass medizinische IT-Systeme, die interoperabel (ggf. sektorübergreifend) miteinander agieren, weniger Fehler erzeugen und im Idealfall dafür sorgen, dass die richtigen medizinischen Informationen, zu dem Zeitpunkt im richtigen IT-System dann bereitstehen, wenn sie zur medizinischen Entscheidungsfindung benötigt werden. Der Einsatz von IHE-Integrationsprofilen ermöglicht Interoperabilität, da diese eindeutig vorgeben, wie Kommunikation und Informationsaustausch auf den unterschiedlichen Interoperabilitätsebenen (hier v. a. syntaktisch und semantisch) erfolgen sollen und der Interpretationsspielraum vermieden wird (zum Thema Interoperabilität im Detail s. auch (Oemig et al., 2023)). Damit wird auch die Umsetzung von übergeordneten strategischen Zielen – zum Beispiel im Rahmen einer Digitalstrategie- unterstützt (zum Thema Digitalstrategie s. auch (Henke et al., 2022)).

Als Teil des IHE-Prozesses können Entscheider:innen IHE-Integrationsprofile (oder besser noch Akteure dieser Profile) zum einen in ihre IT-System-Ausschreibungen integrieren, um so zukünftig neue Abteilungssysteme einfacher und kosteneffizienter in ihre IT-Landschaft zu integrieren. Zum anderen können mithilfe von IHE-Profilen auch bestehende medizinische Arbeitsabläufe überarbeitet und (sofern die entsprechenden Systeme die profilierten Standards unterstützen) effizienter und zuverlässiger gestaltet werden.

Des Weiteren können Anwender:innen neue (bisher nicht-profilierte) Anwendungsfälle in Form von Profilvorschlägen (s. Abschn. 3.1.2) einreichen und so aktiv am IHE-Prozess teilnehmen und IHE aktiv mitgestalten. Dadurch kann ein „Interoperabilitätsrahmen" geschaffen werden, der für den:die Anwender:in relevante Use Cases enthält.

5.2 Herstellerperspektive

„By implementing IHE, vendors can streamline their product development cycles by leveraging this integration capability across multiple customers. Doing so allows staff to focus more attention on creating new product features and functions." (Samarth, A., 2013)

Die IHE-Initiative fördert seit ihrer Gründung konsequent die Zusammenarbeit von Anwendern und Herstellern. Während die Anwenderseite die Problemstellungen und medizinischen Anwendungsfälle liefert, kümmert sich die Herstellerseite mit der Erstellung von Profilen durch IHE, um die Implementierung dieser Lösungen in konkrete interoperable Produkte. Hersteller, die sich für die Entwicklung IHE-konformer Softwarelösungen entscheiden, können durch die Zusammenarbeit mit IHE entscheidende Vorteile erlangen:

- Integrationsprofile gewährleisten eine gemeinsame Sprache von Hersteller und Anwender:innen.
- Reduzierung der Deployment-Kosten bezogen auf das Integrationsszenario beim Kunden.
- Erhöhung der Kundenzufriedenheit durch „robustere" Integrationskomponenten
- Möglichkeit am IHE-Prozess zu partizipieren: Teilnahme am Connect-a-thon und Einbringen von Profilvorschlägen (gemeinsam mit Anwendern).
- Test der Software mit anderen Anbietern: Erfahrungen sammeln, Ausbildung der eigenen Mitarbeiter, Qualitätssicherung und damit kürzere Release-Zyklen.
- Zertifizierung: Es besteht die Möglichkeit Connect-a-thon-getestete Software gegen das IHE International Conformity Assessment Program nach ISO/IEC 17025 zertifizieren zu lassen und damit die Qualität der Softwarelösung auf erhöhtem Level sicherzustellen.

IHE richtet sich aber nicht nur an Hersteller medizinischer IT-Systeme und Softwarelösungen. So bietet IHE auch Medizingeräteherstellern, z. B. über das

Profil Device Enterprise Communication (kurz DEC) der Domäne IHE Devices (früher Patient Care Device), die Möglichkeit, die Datenübertragung von bestimmten Untersuchungs- und Behandlungsgeräten standardisiert an weitere Abteilungssysteme zu übertragen. Damit reduzieren sich die Entwicklungskosten zur ansonsten notwendigen Kopplung von Untersuchungsgerät zu den diversen medizinischen Informationssystemen erheblich. Das gilt auch für z. B. das Profil für Fern-/häusliche Gesundheitsüberwachung (Personal Health Device Observation Upload – kurz POU) und das Profil für die Übertragung von Gesundheitsdokumenten über mobile Geräte (Mobile access to Health Documents – kurz MHD). (vgl. (Samarth, 2013))

5.3   Vorteile für weitere Stakeholder

Von der jahrzehntelangen Erfahrung der konsensbasierten Entwicklung von IHE-Profilen in den jeweiligen Domänen profitieren natürlich nicht nur Anwender:innen und Hersteller. Auch weitere Stakeholder, wie beispielsweise öffentliche Institutionen und Institutionen der Forschung, Wissenschaft und Wissensvermittlung können auf die Errungenschaften von IHE zurückgreifen.

Öffentliche Institutionen, die IHE-Profile bei der Lösung beispielsweise nationaler Implementierungsvorhaben verbindlich empfehlen, haben die Sicherheit, dass diese bereits in einem transparenten Prozess unter Beachtung realer Szenarien entwickelt wurden.

Die den IHE-Profilen zugrunde gelegten Standards werden objektiv und im Hinblick auf ihre Praxisrelevanz ausgewählt und nicht nur das, auch der Anwendungsrahmen und die dahinter liegenden technischen Prozessabläufe werden bereits berücksichtigt. Das im Profilentwicklungsprozess zusammengeführte Wissen von Anwender:innen und Hersteller führt dazu, dass mögliche Interpretationsspielräume der eingesetzten Standards weitestgehend reduziert werden. Damit bietet ein IHE-Profil das notwendige „Gesamtpaket" für praxisrelevante Implementierungen. Aufgrund des über Jahrzehnte aufgebauten Erfahrungsschatzes der weltweiten IHE-Community, der in den Profilentwicklungsprozess miteinfließt, sind mögliche Fallstricke bei der Implementierung von Profilen mit ihren jeweiligen Standards einfach bekannt und werden per se vermieden.

Weiterhin greifen nicht nur nationale, gesundheitspolitische Institutionen auf IHE-Profile zur Unterstützung des elektronischen Datenaustausches zurück, sondern auch auf EU-Ebene wurden bereits 2015 insgesamt 25 IHE-Profile zur Anwendung auf nationaler Ebene empfohlen. (Die Europäische Kommission, 2015)

Auch Institutionen, die im Rahmen ihrer Forschungstätigkeit auf einen interoperablen Datenaustausch angewiesen sind und hier ggf. eine entsprechende IT-Infrastruktur aufbauen müssen, können IHE-Profile einsetzen, um hier Zeit und Geld zu sparen.

Im Bereich der Wissensvermittlung konnte IHE bereits über Jahrzehnte einen enormen Wissenspool aufbauen, der für Schulungen und Wissensvermittlung genutzt werden kann. Damit wird die eigene (interne) Vermittlung erleichtert und unterstützt (s. auch Abschn. 3.2).

Neben Chancen, existieren natürlich auch Risiken: Im Rahmen des Konsensverfahrens ist es möglich, dass sehr gute nationale Entwicklungen auf internationaler Ebene nicht übernommen werden und stattdessen für die einzelnen Regionen/Länder (aus deren Sicht) suboptimale Festlegungen etabliert werden. Umgekehrt kann Inaktivität auf nationaler Ebene in Form eines Nichteinbringens nationaler Arbeiten auf Integrationsprofilebene zu konträren Arbeiten von anderen Nationen führen, die dann „ihre" Vorschläge global verankern und somit „unsere eigenen (nationalen)" Spezifikationen automatisch inkompatibel machen. Nationale Erweiterungen (zu finden jeweils in Vol. 4 des Technical Frameworks einer Domäne) sorgen dann für Konsistenz zu anderen Umsetzungen.

IHE ist durch seine offenen, transparenten und konsensbasierten Prozesse, die selbst ein ISO-Standard sind, durch Profilierung internationaler Standards auf globaler Ebene als Organisation aber auch als Community prädestiniert, um grundlegend interoperable Lösungsszenarien bereitzustellen, die auf nationaler Ebene weiter an die individuellen landesspezifischen Anforderungen angepasst werden können, und somit Teil einer Digitalstrategie, sowohl auf einer Gesundheitssystem- als auch Gesundheitseinrichtungebene sein können.

Von den bereits seit Jahrzehnten etablierten Entscheidungsstrukturen und Erfahrungen können alle Beteiligten profitieren – umso mehr, je aktiver das Engagement ist in der weltweiten IHE-Community ist.[1]

---

[1] Zur Mitgliedschaft bei IHE Deutschland e. V. siehe: https://www.ihe-d.de/ueber-uns/mitgliedsantrag/.

Fazit und Ausblick 6

„If the IHE and its technical framework are not standards, what are they?

The technical framework serves as a consensus document of how to think about, discuss, and successfully overcome medical information system integration problems by using existing standards and tools." (Henderson et al., 2001)

Alles, was wir über medizinische Systeme und deren Art zu kommunizieren wissen, sollten wir bewahren und immer wieder auf Aktualität und Verbesserungen hin überprüfen. Probleme können dabei stets auf unterschiedliche Art und Weise gelöst werden. Der Zusammenschluss von beteiligten Experten kann helfen „Licht ins Dunkel" zu bringen und die jeweilige bestmögliche Lösung über konsensbasierte Verfahren zu identifizieren. Es ist wichtig, dass die Lösung eines Problems am Anfang ergebnisoffen untersucht wird. Das bedeutet, dass z. B. die Auswahl des richtigen Standards ein wichtiger, allerdings nur einer von vielen Schritten innerhalb einer Prozesskette der Problemlösung ist.

IHE liefert mit dem IHE-Profilerstellungsprozess eine Möglichkeit, auf der Basis von fundierten Domänenwissen eine möglichst valide und in der Community gemeinsam akzeptierte und anwendbare Lösung zu erarbeiten, die dann von Herstellern umgesetzt, getestet und anschließend seinen Einsatz in interoperablen Produkten findet, die wiederum von IT-Anwendern in klinischen IT-Architekturen integriert werden.

Mit den Innovationen im Bereich der medizinischen Systeme, -Anwendungen und Medizingeräte kommen immer wieder neue Technologien und auch neue Standards als weitere Möglichkeiten der Lösungsfindung für Integrationsprobleme hinzu.

M. Kuper et al., *Integrating the Healthcare Enterprise (IHE) – Eine Einführung*, essentials, https://doi.org/10.1007/978-3-658-42810-5_6

IHE sorgt mit seinen (jährlichen oder kontinuierlichen) Entwicklungszyklen in den jeweiligen Domänen nicht nur für Akzeptanz, sondern auch dafür, dass die Technical Frameworks aktuell gehalten werden und gegebenenfalls in abgewandelter Form z. B. auch im mobilen Bereich als separate Integrationsprofile bereitgestellt werden. Beispiele für solche Entwicklungen sind FHIR®-basierte Entwicklungsprofile wie z. B. Patient Demographics Query for Mobile (PDQm), Mobile Health Document (Sharing) (MHD(S)), Mobile Alert Communication Management (mACM) oder auch Mobile Care Services Discovery (mCSD).

Eine weitere wichtige Ressource von IHE ist während des Profilerstellungsprozesses die Konsensfindung einer gemeinsamen anwendungsfallbezogenen Sprache. Das Technical Framework einer Domäne bietet durch Definition der relevanten Akteure sowie deren Transaktionen eine transparente Grundlage an, damit Anwender:innen und Hersteller möglichst reibungslos kommunizieren können.

In Hinblick auf die Kommunikationsebene der Entscheider wird sich allerdings oftmals mehr Unterstützung gewünscht, denn die möglichst exakte Beschreibung der Lösungsansätze in den Technical Frameworks ist zwar für Implementierende notwendig, aber nicht immer selbsterklärend für Dritte. Eine weitere, prozessorientierte allerdings nicht so feingranulare Perspektive wäre deshalb oftmals sehr wünschenswert.

Was Sie aus diesem *essential* mitnehmen können

- Grundlegende Einführung in das Thema IHE
- Entwicklung und Arbeitsweise von IHE
- Übersicht über Domänen & Frameworks
- Nutzen und Ablauf von Connect-a-thons & Zertifizierungen
- Welche Vorteile ergeben sich beim Einsatz von IHE?

M. Kuper et al., *Integrating the Healthcare Enterprise (IHE) – Eine Einführung*, essentials, https://doi.org/10.1007/978-3-658-42810-5

Literatur

Academy Technikum Wien. (2019). IHE Certified Professional – IHE Foundations; IHE Structure and Governance. Academy Technikum Wien. https://academy.technikum-wien. at/moodle/mod/page/view.php?id=6. Zugegriffen: 30. Mai. 2023.

Channin, D., Parisot, C., Wanchoo, V., Leontiev, A., & Siegel, E. L. (2001). Integrating the healthcare enterprise: A primer. Part 3. *RadioGraphics*(21), 1351–1358. http://www.pro vidersedge.com/ehdocs/ehr_articles/Integrating_the_Healthcare_Enterprise-A_Primer. pdf. Zugegriffen: 30 Mai 2023.

Die Europäische Kommission. (28. Juli 2015). Die Europäische Kommission. *Beschluss (EU) 2015/1302 der Kommission vom 28. Juli 2015 zur Festlegung von „Integrating the Healthcare Enterprise"-Profilen, auf die bei der Vergabe öffentlicher Aufträge Bezug genommen werden kann.* (D. E. Kommission, Hrsg.) Brüssel, Belgien. https://eur-lex.eur opa.eu/legal-content/DE/TXT/?uri=CELEX:32015D1302. Zugegriffen: 30 Mai 2023.

Eichelberg, M., Poiseau, E., Wein, B., & Riesmeier, J. (2004). Integrating the Healthcare Enterprise: Die IHE-Initiative in Europa. (Jäckel, Hrsg.) *Telemedizinführer Deutschland,* 230–234. http://www.telemedizinfuehrer.de/free/2004/eichelberg_230_234.pdf. Zugegriffen: 30. Mai 2023.

Henderson, M., Behlen, F., Parisot, C., Siegel, E., & Channin, D. (2001). Integrating the healthcare enterprise: A primer. Part 4. *RadioGraphics*(21), 1597–1603. http://www.pro vidersedge.com/ehdocs/ehr_articles/Integrating_the_Healthcare_Enterprise-A_Primer. pdf. Zugegriffen: 30. Mai 2023.

Henke, V., Hülsken, G., Beß, A., & Meier, P.-M. (2022). *Digitalstrategie und Strategieentwicklung im Krankenhaus.* (V. Henke, G. Hülsken, A. Beß, & P.-M. Meier, Hrsg.) Wiesbaden.

Henke, V., Oemig, F., & Kuper, M. (2024). *Hands-on Healthcare and Interoperability – Eine Einführung in das deutsche Gesundheitswesen* (1. Ausg.). Springer Gabler.

HIMSS – Who we are. (2022). *Who we are.* IIMSS. https://www.himss.org/who-we-are. Zugegriffen: 30. Mai 2023.

IHE Deutschland e. V. – Frameworks (2022). *Frameworks.* Abgerufen am 30. Mai 2023 von IHE Deutschland e.V.: https://www.ihe-d.de/fuer-einsteiger/technical-frameworks/

IHE Deutschland e. V. – IHE Cookbook. (2016). *IHE Cookbook.* (A. Merzweiler, Hrsg.) IHE Deutschland. https://www.ihe-d.de/download/ihe-cookbookv1/. Zugegriffen: 30. Mai 2023.

IHE Deutschland e.V. – IHE Value Sets. (2021). *IHE Value Sets für Aktenprojekte im deutschen Gesundheitswesen..* IHE Deutschland e. V. https://www.ihe-d.de/wp-content/uploads/2021/07/XDSValueSetsDv3.pdf. Zugegriffen: 30. Mai 2023.

IHE Deutschland e. V. – Projekte. (2023). *Projekte.* IHE Deutschland e. V. https://www.ihe-d.de/projekte/. Zugegriffen: 30. Mai 2023.

IHE Deutschland e. V. – Über uns. (2023). *Über uns.* IHE Deutschland e. V. https://www.ihe-d.de/ueber-uns/. Zugegriffen: 30. Mai 2023.

IHE Deutschland e. V. – Vorstand. (2023). *Vorstand.* IHE Deutschland e. V. https://www.ihe-d.de/ueber-uns/vorstand/. Zugegriffen: 30. Mai 2023.

IHE Europe – Flyer Plugathon. (2022). *Flyer Plugathon.* IHE Europe. https://www.ihe-europe.net/sites/default/files/Flyer_Plugathon.pdf. Zugegriffen: 30. Mai 2023.

IHE Europe – Plugathon. (2022). *Plugathon.* Connectathon IHE Europe. https://connectathon.ihe-europe.net/plugathon. Zugegriffen: 30. Mai 2023.

IHE Europe – Projectathon. (2022). *Projectathon.* IHE Europe. https://www.ihe-europe.net/testing-IHE/projectathons. Zugegriffen: 30. Mai 2023.

IHE Europe – Whitepaper on Connectathon. (2019). *Whitepaper on Connectathon: The IHE Connectathon. What is it? How is it done?* IHE Europe. https://www.ihe-europe.net/sites/default/files/Wp_Connectathon_2020_V00.pdf. Zugegriffen: 30. Mai 2023.

IHE International – Conformity Assessment. (2022). *Conformity Assessment.* IHE International. https://www.ihe.net/testing/conformity-assessment/. Zugegriffen: 30. Mai 2023.

IHE International – Cross-Enterprise Document Sharing (XDS.b). (17. Juni 2022). *Cross-Enterprise Document Sharing (XDS.b)*, Revision 19. IHE International. https://profiles.ihe.net/ITI/TF/Volume1/ch-10.html#10. Zugegriffen: 30. Mai 2023.

IHE International – Education. (2023). *Education.* IHE International. https://www.ihe.net/education/. Zugegriffen: 30. Mai 2023.

IHE International – FAQ: How does IHE work. (2023). *FAQ: How does IHE work.* IHE International. https://www.ihe.net/about_ihe/faq/. Zugegriffen: 30. Mai 2023.

IHE International – IHE CPP. (2023). *IHE Certified Professional Program.* IHE International. https://www.ihe.net/education/ihe-certified-professional-program/. Zugegriffen: 30. Mai 2023.

IHE International – IHE Domains. (2022). *IHE Domains.* IHE International. https://www.ihe.net/IHE_Domains/. Zugegriffen: 30. Mai 2023.

IHE International – IHE Handbook: Document Sharing Metadata. (2023). *IHE Handbook: Document Sharing Metadata.* IHE International. https://profiles.ihe.net/ITI/papers/metadata/index.html. Zugegriffen: 30. Mai 2023.

IHE International – IHE Strategic Plan. (2022). *IHE Strategic Plan.* IHE International. https://www.ihe.net/wp-content/uploads/IHE-Strategic-Plan-2022.pdf. Zugegriffen: 30. Mai 2023.

IHE International – IHE White Paper. (2021). *IHE White Paper: Enabling Document Sharing Health Information Exchange Using IHE Profiles.* IHE Publications. https://profiles.ihe.net/ITI/HIE-Whitepaper/index.html. Zugegriffen: 30. Mai 2023.

IHE International – IHE Wordwide. (2022). *IHE Wordwide.* IHE International. https://www.ihe.net/ihe_worldwide/. Zugegriffen: 30. Mai 2023.

IHE International – Inside IHE Webinars. (2023). *Inside IHE Webinars.* IHE International. https://www.ihe.net/education/webinars/. Zugegriffen: 30. Mai 2023.

IHE International – Member Organisations. (2022). *Member Organisations.* IHE International. https://www.ihe.net/about_ihe/member_organizations/. Zugegriffen: 30. Mai 2023.

IHE International – Principles of Governance. (2019). *Principles of Governance.* IHE International. https://www.ihe.net/wp-content/uploads/2018/07/IHE-International-Principles-of-Governance.pdf. Zugegriffen: 30. Mai 2023.

IHE International – Product Test Reports. (2022). *Conformity Assessment – Product Test Reports.* IHE International Conformity. https://conformity.ihe.net/summary-reports. Zugegriffen: 30. Mai 2023.

IHE International Wiki – Actors. (2023). *Actors.* IHE International Wiki. https://wiki.ihe.net/index.php/Actors. Zugegriffen: 30. Mai 2023.

IHE International Wiki – Category:CPs. (2022). *Category:CPs.* IHE International Wiki. https://wiki.ihe.net/index.php/Category:CPs. Zugegriffen: 30. Mai 2023.

IHE International Wiki – Continuous Development Process. (2023). *Continuous Development Process.* IHE International Wiki. https://wiki.ihe.net/index.php/Continuous_Development_Process. Zugegriffen: 30. Mai 2023.

IHE International Wiki – Domains. (2022). IHE International Wiki. https://wiki.ihe.net/index.php/Domains. Zugegriffen: 30. Mai 2023.

IHE International Wiki – Final Text Process. (2023). *Final Text Process.* IHE International Wiki. https://wiki.ihe.net/index.php/Final_Text_Process. Zugegriffen: 30. Mai 2023.

IHE International Wiki – Frameworks. (2022). *Frameworks.* IHE International Wiki. https://wiki.ihe.net/index.php/Frameworks. Zugegriffen: 28. Dez. 2022.

IHE International Wiki – France. (2023). *France.* IHE International Wiki. https://wiki.ihe.net/index.php/France. Zugegriffen: 30. Mai 2023.

IHE International Wiki – IHE Education Committee. (2023). *IHE Education Committee.* IHE International Wiki: https://wiki.ihe.net/index.php/IHE_Education_Committee. Zugegriffen: 30. Mai 2023.

IHE International Wiki – IHE Publication Process for New Supplements. (2023). *IHE Publication Process for New Supplements.* IHE International Wiki. https://wiki.ihe.net/uploads/d/dc/NewSupplPubProcess.pdf. Zugegriffen: 30. Mai 2023.

IHE International Wiki – Profile Development Process for First Timers. (2023). *Profile Development Process for First Timers.* IHE International Wiki. https://wiki.ihe.net/index.php/Profile_Development_Process_for_First_Timers. Zugegriffen: 30. Mai 2023.

IHE International Wiki – Profile Proposal Process. (kein Datum). *Profile Proposal Process.* IHE International Wiki. https://wiki.ihe.net/index.php/Profile_Proposal_Process.

IHE International Wiki – Profiles. (2022). *Profiles.* IHE International Wiki. https://wiki.ihe.net/index.php/Profiles. Zugegriffen: 30. Mai 2023.

IHE International Wiki – Public Comment Process. (kein Datum). *Public Comment Process.* IHE International Wiki: https://wiki.ihe.net/index.php/Public_Comment_Process. Zugegriffen: 30. Mai 2023.

IHE International Wiki – Standards Selection Process. (2023). *Standards Selection Process.* IHE International Wiki. https://wiki.ihe.net/index.php/Standards_Selection_Process. Zugegriffen: 30. Mai 2023.

IHE Publications – Patient Administration Management (PAM). (2023). *IHE IT Infrastructure Technical Framework (Profiles).* IHE Publications: https://profiles.ihe.net/ITI/TF/Volume1/ch-14.html. Zugegriffen: 30. Mai 2023.

IHE USA – IHE World Summit. (2022). *IHE World Summit*. IHE USA. https://www.iheusa. org/ihe-world-summit-symposium. Zugegriffen: 30. Mai 2023.

Kramme, R. (2011). *Medizintechnik* (4. Ausg.). (R. Kramme, Hrsg.) Springer.

Kramme, R. (2017). *Informationsmanagement und Kommunikation in der Medizin* (5. Ausg.). (R. Kramme, Hrsg.) Springer.

Mildenberger, P., Wein, B., Bursig, H.-P., & Eichelberg, M. (2005). Aktuelle Entwicklungen von DICOM und IHE. *Der Radiologe*, 1432–2102. https://doi.org/10.1007/s00117-005-1242-x. Zugegriffen: 30. Mai 2023.

Oemig, F., & Snelick, R. (2016). *Healthcare Interoperability Standards Compliance Handbook*. Springer Nature.

Oemig, F., Henke, V., & Kuper, M. (2023). *Hands-on Healthcare and Interoperability – Interoperabilität im Detail verstehen* (1. Ausg.). Springer Gabler.

Orza, B., Cordos, A., Vlaicu, A., & Meza, S. (2010). *Integrated Medical System Using DICOM and HL7 Standards, New Advanced Technologies*. (A. Lazinica, Hrsg.) InTech. https://cdn.intechopen.com/pdfs/10729/InTech-Integrated_medical_system_using_dicom_and_hl7_standards.pdf. Zugegriffen: 30. Mai 2023.

RSNA – Who we are. (2022). *Who we are*. https://www.rsna.org/about. Zugegriffen: 28. Dez. 2023.

Samarth, A. (2013). *Interoperability For Dummies*. Wiley.

Siegel, E. L., & Channin, D. S. (2001). Integrating the Healthcare Enterprise: A Primer Part 1. Introduction. *RadioGraphics*(21), S. 1339–1341. http://www.providersedge.com/ehd ocs/ehr_articles/Integrating_the_Healthcare_Enterprise-A_Primer.pdf. Zugegriffen: 30. Mai 2023.

Unicom Project – What is a VIP Tour. (2022). *What is a VIP Tour*. Unicom Project. https://uni com-project.eu/unicom-day-at-the-ihe-europe-connectathon. Zugegriffen: 30. Mai 2023.

Wein, B. B. (2003). IHE (Integrating the Healthcare Enterprise): Ein neuer Ansatz zur Verbesserung der digitalen Kommunikation im Gesundheitswesen. *Röfo*,175(2), 183–186. Thieme. https://www.thieme-connect.com/products/ejournals/html/10.1055/s-2003-37238. Zugegriffen: 30. Mai 2023.

Wirsz, N. (2005). *The IHE Initiative Worldwide – An Update*. vdocument. https://vdo cument.in/rsnahimss-integrating-the-healthcare-enterprise-the-ihe-initiative-worldwide. html?page=2. Zugegriffen: 30. Mai 2023.

Printed in the United States
by Baker & Taylor Publisher Services